中央财经大学中央高校
Supported by the Fundamental R

U0500070

当代中国经济理论研究

迭代法
与微分方程边值问题研究

RESEARCH ON ITERATIVE METHODS
AND BOUNDARY VALUE PROBLEMS
FOR DIFFERENTIAL EQUATIONS

孙博 马德香 ◎ 著

中国财经出版传媒集团
经济科学出版社
Economic Science Press
·北 京·

图书在版编目(CIP)数据

迭代法与微分方程边值问题研究 / 孙博,马德香著.
北京 : 经济科学出版社,2025.7. -- (当代中国经济理
论研究). -- ISBN 978-7-5218-6590-5

Ⅰ. O241.6; O175.8

中国国家版本馆 CIP 数据核字第 2024EC0118 号

责任编辑：王　娟　徐汇宽
责任校对：蒋子明
责任印制：张佳裕

迭 代 法 与 微 分 方 程 边 值 问 题 研 究

DIEDAIFA YU WEIFEN FANGCHENG BIANZHI WENTI YANJIU

孙　博　马德香　著

经济科学出版社出版、发行　新华书店经销
社址：北京市海淀区阜成路甲 28 号　邮编：100142
总编部电话：010-88191217　发行部电话：010-88191522
网址：www.esp.com.cn
电子邮箱：esp@esp.com.cn
天猫网店：经济科学出版社旗舰店
网址：http://jjkxcbs.tmall.com
北京季蜂印刷有限公司印装
710×1000　16 开　12.25 印张　200000 字
2025 年 7 月第 1 版　2025 年 7 月第 1 次印刷
ISBN 978-7-5218-6590-5　定价：68.00 元

(图书出现印装问题,本社负责调换。电话：010-88191545)
(版权所有　侵权必究　打击盗版　举报热线：010-88191661
QQ：2242791300　营销中心电话：010-88191537
电子邮箱：dbts@esp.com.cn)

序

微分方程，作为描述自然界和工程技术中动态演化过程的核心数学工具，其边值问题的研究始终是分析领域的重要课题。特别是非线性微分方程边值问题，因其广泛的应用背景和深刻的理论内涵，吸引了众多学者的长期关注。然而，非线性问题的复杂性使得寻求解析解往往异常困难，甚至不可能。因此，发展有效的理论框架和构造性方法以证明解的存在性、唯一性，并获得解的逼近途径，便成为该领域的关键挑战与研究前沿。

迭代法，以其直观的构造性和在数值计算中的天然优势，为解决非线性问题提供了一条强有力的途径。将不动点理论，特别是 Banach 空间中的压缩映射原理、锥上的不动点定理（如 Krasnoselskii 定理）以及 Leray-Schauder 度理论等，与迭代技巧相结合，不仅能够严谨地证明解的存在性，更能通过构造迭代序列实现对解的逼近。这种"理论证明"与"数值逼近"的统一，正是现代应用数学研究中极具魅力的方向。

本专著《迭代法与微分方程边值问题研究》旨在系统深入地探讨迭代法在求解各类微分方程边值问题，特别是具 p-Laplace 算子的非线性边值问题中的应用。p-Laplace 算子（$\phi_p(s) = |s|^{p-2}s$, $p > 1$）在物理模型（如非牛顿流体力学、冰川学）和几何问题中普遍存在，其强非线性特性（当 $p \neq 2$ 时）使得相关方程的分析极具挑战性。

本书的核心贡献在于：

理论框架的建立与深化。本书系统阐述了求解边值问题所需的预备知识，包括常微分方程基本概念、各类不动点定理（Banach, Leray-Schauder, Krasnoselskii 等）、连续性定理（Mawhin 定理及其推广）以及迭代法的基本原理。特别强调了在锥理论框架下应用单调迭代技巧的理论基础。

创新性的方法与应用。针对不同类型的边值问题（两点、三点、多点、Sturm-Liouville 型），特别是包含 p-Laplace 算子的情形，本书详细展示了如何巧妙构造适当的锥、定义合适的非线性算子，并利用不动点定理结合单调迭代技巧，有效地证明正解、对称解、伪对称解、单调解等存在性。一个显著特色是，书中不仅证明了"解的存在"，而且提供了构造性的迭代序列（如 $w_n = T^n w_0$, $v_n = T^n v_0$），从特定的初值函数（如上解 w_0 或下解 v_0）出发，收敛到目标解。这种方法兼具理论美感与潜在的计算价值。

系统性与广泛性。本书覆盖了从二阶到四阶的微分方程边值问题。在二阶问题中，深入探讨了具有不同边界条件（包括非线性边界项）和 p-Laplace 算子的情形；进一步将方法推广至三阶、四阶问题，并处理了包含 Stieltjes 积分边界等更复杂的条件。这种由浅入深、由核心到拓展的编排，展现了方法的普适性和强大生命力。

严谨性与具体性。书中定理的证明过程严谨详实，包含了关键的引理铺垫和细致的分析。大量具体的例子不仅验证了主要定理的有效性，也清晰展示了迭代序列的构造过程及其收敛趋势，为读者提供了直观的理解和应用的模板。

本专著是著者长期致力于非线性微分方程边值问题迭代解法研究的系统性总结与深化。书中呈现的研究成果，部分已发表于国际知名学术期刊，并得到了同行的关注与引用。

我们期望，本书的出版能够：

为非线性微分方程边值问题的研究提供新的视角和有力的工具。系统展示不动点理论与迭代法相结合的魅力与效力。

深化对 p-Laplace 算子相关问题的理解。为解决这类强非线性问题提供系统的理论支撑和实用的迭代方案。

促进理论与计算的结合。所发展的构造性方法为后续的数值算法设计奠定了理论基础。

成为相关领域研究者和研究生的有益参考。为从事微分方程、非线性分析、应用数学研究的学者和研究生提供一部内容翔实、方法前沿、兼具理论与应用价值的专著。

数学理论的严谨之美与解决实际问题的强大力量，在微分方程的研究中得到了充分体现。我们深信，迭代法作为连接非线性问题存在性理论与数值逼近的桥梁，将在微分方程及相关领域的未来研究中发挥更加重要的作用。本书是我们在这一领域探索的阶段性汇报，疏漏之处在所难免，恳请学界同仁和广大读者批评指正。

谨以此书献给所有致力于非线性微分方程研究的同仁。

目　录

第 1 章

基本概念与预备知识

1.1 基本概念

1.1.1 常微分方程的定义

定义 1.1.1 设变量 x 是自变量 t 的函数, 将自变量 t, 变量 x 及 x 的直至 n 阶导数 $x^{(n)}$ 联系起来的等式

$$F(t, x, x', x'', \cdots, x^{(n)}) = 0 \tag{1.1}$$

就称为**常微分方程**. 当方程中出现的 x 关于 t 的最高求导方次是 n 时, 称方程是 **n 阶常微分方程**.

定义 1.1.2 设 $x_1, x_2, \cdots, x_n$ 是自变量 t 的函数, 联系自变量 t, 变量 x_1, $\cdots$, x_n 及其有限阶导数的多个等式

$$\begin{cases} F_1(t, x_1, \cdots, x_m, x'_1, \cdots, x'_m, \cdots, x_1^{(n)}, \cdots, x_m^{(n)}) = 0 \\ F_2(t, x_1, \cdots, x_m, x'_1, \cdots, x'_m, \cdots, x_1^{(n)}, \cdots, x_m^{(n)}) = 0 \\ \quad\quad \cdots\cdots \quad\quad \cdots\cdots \\ F_m(t, x_1, \cdots, x_m, x'_1, \cdots, x'_m, \cdots, x_1^{(n)}, \cdots, x_m^{(n)}) = 0 \end{cases} \tag{1.2}$$

称为**常微分方程组**或**常微分方程系统**, 简称为**微分系统**.

需要注意的是,含单一未知函数的微分方程,自变量常用 x 表示,而未知函数用 y 表示;微分系统中所含未知函数不多于 3 个时,它们分别用 x, y 或 x, y, z 表示. 用 u, v 表示未知函数的情况也经常遇到.

常微分方程或者常微分系统的特征是:等式中不论未知函数有多少个,自变量只有一个. 当自变量有多个时,就称为偏微分方程或者偏微分系统. 本书中所说的微分方程均为常微分方程.

1.1.2 常微分方程的分类

对常微分方程可按不同的区分标准得出不同的分类.

(1) **一阶与高阶**

除一阶微分方程以外,二阶及二阶以上的常微分方程,统称**高阶微分方程**. 在高阶微分方程中,和许多实际问题联系密切且研究得较多的是二阶微分方程. 因此,高阶微分方程在多数情况下专指三阶及三阶以上的常微分方程.

(2) **显式与隐式**

在 n 阶微分方程 (1.1) 中, 如果 $x^{(n)}$ 可以解出, 得到的

$$x^{(n)} = f(t, x, \cdots, x^{(n-1)}) \tag{1.3}$$

称为 n 阶**显式微分方程**. $x^{(n)}$ 未被解出的方程 (1.1) 则称为 n 阶**隐式微分方程**.

(3) **自治与非自治**

在微分方程或微分系统中,如果不显含自变量,则相应称为**自治微分方程**或**自治微分系统**,否则就称为非自治的.

(4) **线性与非线性**

n 阶微分方程 (1.1) 中,如果 F 是未知函数 x 及其各阶导数 x', x'', $\cdots$, $x^{(n)}$ 的线性函数, 即

$$F = a_0(t)x^{(n)} + a_1(t)x^{(n-1)} + \cdots + a_{n-1}(t)x' + a_n(t)x - f(t) \tag{1.4}$$

则方程 (1.1) 成为

$$a_0(t)x^{(n)} + a_1(t)x^{(n-1)} + \cdots + a_{n-1}(t)x' + a_n(t)x = f(t) \tag{1.5}$$

方程 (1.5) 称为 n 阶**线性微分方程**. 通常我们设 $a_0(t) \equiv 1$, 则方程 (1.5) 又成为

$$x^{(n)} + a_1(t)x^{(n-1)} + \cdots + a_{n-1}(t)x' + a_n(t)x = f(t) \tag{1.6}$$

线性方程 (1.6) 可简记为

$$x^{(n)} + \sum_{i=1}^{n} a_i(t)x^{(n-i)} = f(t) \tag{1.7}$$

相反，如果 F 不能表示成式 (1.4) 的形式，则方程 (1.1) 就是一个**非线性微分方程**. 在非线性微分方程中，除了一阶方程中有一些特殊的类型通过方程变形可以由初等方法给出解的有限形式外，高阶非线性微分方程一般都无法得到解析解.

1.1.3 常微分方程的解

定义 1.1.3 设 $F: \Omega \subset R \times R^{n+1} \to R$, $J \subset R$ 是一个区间. 设有 $\varphi \in C^n(J, R)$, 使 $\forall\, t \in J$ 时 $(t, \varphi(t), \varphi'(t), \cdots, \varphi^{(n)}(t)) \in \Omega$, 且

$$F(t, \varphi(t), \varphi'(t), \cdots, \varphi^{(n)}(t)) = 0$$

则说 $x = \varphi(t)$ 是方程 (1.1) 在区间 J 上的一个解.

这里，函数解 $\varphi(t)$ 是 J 上明确的函数或函数向量，因此 $\varphi(t)$ 是相应方程在 J 上的**显式解**. 除显式解外，还可以给出以下**隐式解**的定义. 无论隐式解还是显式解，都是微分方程的解.

定义 1.1.4 设 $F: \Omega \subset R \times R^{n+1}$, $J \subset R$ 是一个区间. 如果有 $u: J \times R \to R$, 且由 $u(t, x) = 0$ 可确定隐函数 $x = x(t)$, 并确定直至 n 阶导数 $x^{(k)}(t) = \varphi_k(t, x(t))$, $k = 1, 2, \cdots, n$ 使 $\forall\, t \in J$, 有

$$F(t, x(t), \varphi_1(t, x), \cdots, \varphi_n(t, x)) = 0$$

则 $u(t, x) = 0$ 为方程 (1.1) 在 J 上的一个隐式解.

对微分方程的解，还可以给出通解和特解的概念.

微分方程的求解，可以归之为逐次积分的过程. 每次积分都出现一个任意常数，因此，在 n 阶微分方程解的表达式中会出现 n 个任意常数，得到解的一般形式

$$x(t;\, c_1,\, c_2,\, \cdots,\, c_n)$$

若存在集合 $M \subset R^n$，对方程 (1.1) 的任一解 $\varphi(t)$，都有 $(\hat{c}_1,\, \hat{c}_2,\, \cdots,\, \hat{c}_n) \in M$，使

$$\varphi(t) = x(t;\, \hat{c}_1,\, \hat{c}_2,\, \cdots,\, \hat{c}_n)$$

则 $x(t;\, c_1,\, c_2,\, \cdots,\, c_n)$ 称为方程 (1.1) 的**通解**. 不含任意常数的解则称为**特解**.

为了得到特解通常要对解提出附加条件，这些附加条件称为**定解条件**. 定解条件又可以分为初始条件和边界条件. 如果定解条件是在自变量的同一点，例如 $t = t_0$ 上对所求解的取值加以限制，这样的定解条件就称为**初始条件**；反之，如果定解条件是在自变量的多个点，例如 $t = a, b$ 上对解的取值作出规定，则称为**边界条件**. 带有初始条件的微分方程称为**初值问题** (初值问题也称 **Cauchy** 问题)，带有边界条件的微分方程则称为**边值问题**.

明确解的概念后，有必要对微分方程的同解性作出说明. 在方程的求解过程中，常常需要在方程的两边同乘或同除一个连续函数 $g(t,\, x,\, \cdots,\, x^{(m)}), m \leqslant n$. 如果集合

$$\{(t,\, x_0,\, x_1,\, \cdots,\, x_m):\, g(t,\, x_0,\, x_1,\, \cdots,\, x_m) = 0\} = \varnothing$$

则方程 (1.1)

$$F\left(t,\, x,\, x',\, \cdots,\, x^{(n)}\right) = 0$$

和

$$g\left(t,\, x,\, x',\, \cdots,\, x'_m\right) F\left(t,\, x,\, x',\, \cdots,\, x^{(n-1)}\right) = 0 \tag{1.8}$$

及

$$\frac{g(t,\, x,\, x',\, \cdots,\, x^{(n-1)})}{F(t,\, x,\, x',\, \cdots,\, x^{(n-1)})} = 0 \tag{1.9}$$

都是等价的，即它们有相同的解集. 但当

$$\{(t,\, x_0,\, x_1,\, \cdots,\, x_m):\, g(t,\, x_0,\, x_1,\, \cdots,\, x_m) = 0\} \neq \varnothing$$

时，它们的解集可能不同，即使解集几乎相同，但对应解的存在区间也会有差异.

1.2 预 备 知 识

1.2.1 不动点定理

在建立常微分方程基本理论时，不动点定理是重要依据. 为此，先介绍一些基本概念.

在线性空间 X 上定义范数 $\|\cdot\|$，则 $(X, \|\cdot\|)$ 称为**赋范线性空间**，也可简单地说 X 是赋范线性空间.

设 $(X, \|\cdot\|)$ 是一个赋范线性空间，$\{x_n\}$ 是 X 中的一个无穷点列，如果 $\forall \varepsilon > 0$，存在 $N = N(\varepsilon)$，当 $m, n > N$ 时，有

$$\| x_n - x_m \| < \varepsilon$$

则说 $\{x_n\}$ 是 X 中的一个 **Cauchy 点列**.

如果对 X 中的任一 Cauchy 点列 $\{x_n\}$，都有 $x_0 \in X$，使

$$x_n \to x_0 \quad (n \to \infty)$$

则说 $(X, \|\cdot\|)$ 是一个**完备的赋范线性空间**. 完备的赋范线性空间也称为 **Banach 空间**.

这时，常简单地说 X 是一个 **Banach 空间**，不将范数标示出来. n 维欧氏空间 $\mathbb{R}^n$ 是一个 Banach 空间. $C^k(J, \mathbb{R}^m)$ 也是 Banach 空间.

定义 1.2.1 设 E 是一个 Banach 空间，P 是 E 中的非空闭集，如果 P 满足

(1) 任给 $x, y \in P$，$\alpha \geqslant 0$，$\beta \geqslant 0$，有 $\alpha x + \beta y \in P$；

(2) 如果 $x \in P$，$x \neq 0$，则 $-x \notin P$.

则称 P 是 E 的**锥**.

设给定 E 中的一个锥 P，对于 $x \in E$，$y \in E$，如果 $y - x \in P$，则记 $x \leqslant y$，容易证明，按此方法定义的 "$\leqslant$" 具有如下性质：

(1) $x \leqslant x$;

(2) 如果 $x \leqslant y$, $y \leqslant z$, 则 $x \leqslant z$;

(3) 如果 $x \leqslant y$, $y \leqslant x$, 则 $x = y$.

因此, 按此方法定义的 "$\leqslant$" 确定了 E 中的一个**半序关系**, $(E, \leqslant)$ 是半序 Banach 空间. Banach 空间中的半序结构和闭锥是两个相互等价的概念, 即由半序可以定义一个闭锥, 而由闭锥也可以定义一个半序. 关于半序 Banach 空间和闭锥的理论, 可以参见参考文献 [1]—[10] 等.

定义 1.2.2　设 E_1, E_2 是两个 Banach 空间, $D \subset E_1$. 设算子 $A: D \to E_2$ 是非线性的, 设 $x_0 \in D$, 若 $\forall \varepsilon > 0$, $\exists \delta = \delta(x_0, \varepsilon) > 0$ 使当 $x \in D$ 且 $\|x - x_0\| < \delta$ 时, 恒有

$$\|Ax - Ax_0\| < \varepsilon$$

则称 A **在** x_0 **连续**; 若 A 在 D 中的每一点都连续, 则称 A **在** D **连续**; 若上述 δ 只与 ε 有关而与 $x_0 \in D$ 无关, 则称 A **在** D **等度连续**.

定义 1.2.3　设 E_1, E_2 是两个 Banach 空间, $D \subset E_1$. 设算子 $A: D \to E_2$, 如果 A 将 D 中任何有界集 S 映成 E_2 中的列紧集 $A(S)$ [即 $A(S)$ 是相对紧集, 亦即它的闭包 $\overline{A(S)}$ 是 E_2 中的紧集], 则称 A 是映 D 入 E_2 的**紧算子**.

定义 1.2.4　设 E_1, E_2 是两个 Banach 空间, $D \subset E_1$. 设算子 $A: D \to E_2$, 如果 A 是连续的, 而且又是紧的, 则称 A 是映 D 入 E_2 的**全连续算子**.

定理 1.2.1 (Leray-Schäuder 不动点定理)　设 D 是实赋范线性空间 X 中的有界闭凸子集, 算子 $F: D \to D$ 全连续, 则 F 在 D 中必有不动点.

定理 1.2.2 (Banach 不动点定理)　设 X 为赋范线性空间, $D \subset X$ 是一个非空有界子集, $T: D \to D$ 是全连续算子. 又设存在 $l \in (0, 1)$, 使 $\forall x, y \in D$, 有

$$\| Fx - Fy \| \leqslant l \| x - y \|$$

则 F 在 D 中有唯一的不动点.

定理 1.2.3 (Arzela-Ascoli 定理)　设 $J \subset \mathbb{R}$ 是有界闭区间, 线性空间 $X = C(J, \mathbb{R}^m)$ 按 $\| x \| = \max\limits_{t \in J} |x(t)|$ 定义范数. 如果子集 $D \subset X$ 在范数意义下有界且等度连续, 则 D 在 X 中是相对紧的.

推论 1.2.1 设 $J \subset \mathbb{R}$ 是有界闭区间，D 是赋范线性空间 $X = C(J, \mathbb{R}^m)$ 的非空有界凸集，

$$F: D \to D$$

是连续算子，FD 有界且等度连续，则算子 F 在 D 中有不动点.

定理 1.2.4 (非线性抉择原理) 设 C 是实 Banach 空间 E 中的凸子集，Ω 是 C 中的开子集，$p^* \in \Omega$. 算子 $T: \overline{\Omega} \to C$ 是全连续的，那么下面两个结论至少成立一个：

(1) T 在 $\overline{\Omega}$ 上有不动点；

(2) 存在 $x \in \partial\Omega$ 使得 $x = (1-\lambda)p^* + \lambda Tx$, $0 < \lambda < 1$.

定理 1.2.5 (**Krasnoselskii 不动点定理**) 设 E 是一个 Banach 空间，P 是 E 中的锥，Ω_1, Ω_2 是 E 中的有界开集，$0 \in \overline{\Omega_1} \subset \Omega_2$，假设 $T: P \cap (\overline{\Omega_2} \setminus \Omega_1) \to P$ 是全连续算子，且

(1) $\|Tx\| \leqslant \|x\|$, $x \in P \cap \partial\Omega_1$；$\|Tx\| \geqslant \|x\|$, $x \in P \cap \partial\Omega_2$，或者

(2) $\|Tx\| \geqslant \|x\|$, $x \in P \cap \partial\Omega_1$；$\|Tx\| \leqslant \|x\|$, $x \in P \cap \partial\Omega_2$.

那么，T 在 $P \cap (\overline{\Omega_2} \setminus \Omega_1)$ 中必有一个不动点.

定义 1.2.5 设 E 是一个 Banach 空间，P 是 E 中的锥，连续映射 $\alpha: P \to [0, \infty)$，如果对所有的 $x, y \in P$ 和 $0 \leqslant \lambda \leqslant 1$ 有

$$\alpha(\lambda x + (1-\lambda)y) \geqslant \lambda\alpha(x) + (1-\lambda)\alpha(y)$$

成立，则称映射 α 是 P 上的**非负连续凹泛函**.

类似地，如果

$$\alpha(\lambda x + (1-\lambda)y) \leqslant \lambda\alpha(x) + (1-\lambda)\alpha(y)$$

成立，则称映射 α 是 P 上的**非负连续凸泛函**.

1.2.2 连续性定理

在 Leray-Schauder 度理论之后，Leray 提出了一种求解非线性方程 $x + F(x) = 0$ 的方法 (详见参考文献 [11])，这种方法可以归结为如下定理.

定理 1.2.6[11] 设 X 是一个 Banach 空间，$F\colon X \to X$ 为全连续算子，$x = F(x)$ 的解集 $\sum\limits_{1}$ 有界，又设 $H\colon X \times [0, 1] \to X$ 为全连续，$H(x, 0) = 0$，且

$$x = H(x, \lambda)$$

的解集 $\sum\limits_{\lambda}$，当 $\lambda \to 0$ 时，$\sum$ 连续地趋于 $\{0\}$，则 $x = F(x)$ 有解.

设 X，Y 为线性赋范空间，$J\colon X \to Y$ 为同构映射，则上述定理很容易推广用于讨论非线性方程 $Jx = F(x)$ 的可解性.

为了研究抽象方程

$$Lx = Nx \qquad\qquad (1.10)$$

解的存在性，其中 L 是满足一定要求的线性算子，N 为非线性算子. 下面介绍 Mawhin 连续性定理. 为此，需要先建立一些相关的概念.

设 X，Y 为赋范实线性空间，线性算子

$$L\colon X \cap \mathrm{dom} L \to Y$$

如果满足：

(1) $\mathrm{Ker} L = L^{-1}(0) \subset X$ 为有限维空间；

(2) $\mathrm{Im} L = L(\mathrm{dom} L) \subset Y$ 为闭子空间，其补空间为有限维线性空间.

则 L 被称为 Fredholm 算子，且整数

$$\dim \mathrm{Ker} L - co\dim \mathrm{Im} L$$

定义为 L 的指标.

当 L 是指标为零的 Fredholm 算子时，记

$$P\colon X \to \mathrm{Ker} L, \quad Q\colon Y \to Y/\mathrm{Im} L$$

为投影算子，且满足

$$X = \mathrm{Ker} L \oplus \mathrm{Ker} P, \quad Y = \mathrm{Im} L \oplus \mathrm{Im} Q$$

这时

$$L|_{\mathrm{dom}L \cap \mathrm{Ker}P} \colon \mathrm{dom}L \cap \mathrm{Ker}P \to \mathrm{Im}L$$

是双射, 记其逆为 K_p.

设 $D \subset X$ 为非空有界开集, 连续算子

$$N \colon \overline{D} \to Y$$

如果满足

$$QN \colon \overline{D} \to Y$$

$$K_p(I-Q)N \colon \overline{D} \to Y$$

都是紧算子, 则说 N 在 $\overline{D}$ 上是 L-紧的.

由此, 可给出 Mawhin 连续定理的简明表述.

定理 1.2.7[12][13] 设 X, Y 为赋范实线性空间, $L\colon \mathrm{dom}L \subset X \to Y$ 是指标为零的 Fredholm 算子, $D \subset X$ 为非空有界开集, N 在 $\overline{D}$ 上为 $L-$ 紧, 若

(1) $\forall (x, \lambda) \in (\mathrm{dom}L \cap \partial D) \times (0, 1)$, 有

$$Lx \neq \lambda Nx,$$

(2) $\forall x \in \partial D \cap \mathrm{Ker}L$, $QNx \neq 0$,

(3) $\deg\{JQN|_{\mathrm{Ker}L}, D\cap\mathrm{Ker}L, 0\} \neq 0$, 其中 $J\colon \mathrm{Im}Q \to \mathrm{Ker}L$ 为同构映射, 则抽象方程 $Lx = Nx$ 在 $D \cap \mathrm{dom}L$ 中至少有一解.

近年来, 由于含 p-Laplace 算子 (称映射 $\phi_p(s) = |s|^{p-2}s$, $p > 1$ 为 p-Laplace 算子) 或 p-Laplace 型算子 (称具有类似于 p-Laplace 算子性质的映射为 p-Laplace 型算子) 边值问题的出现, 需要研究比方程 (1.10) 更广泛的抽象方程

$$Mx = Nx \tag{1.11}$$

的有解性问题, 其中, M 是一类比线性算子 L 更一般的算子, 称为拟线性算子, 线性算子是这类算子的特殊情况.

和 Mawhin 连续性定理一样, 先界定一些概念.

设 X 和 Y 是两个赋范实线性空间，范数分别表示为 $\|\cdot\|_X$ 和 $\|\cdot\|_Y$，连续算子

$$M\colon X\cap \operatorname{dom}M \to Y$$

如果满足

(1) $\operatorname{Im}M\colon = M(X\cap \operatorname{dom}M)\subset Y$ 为闭集；

(2) $\operatorname{Ker}M\colon = \{x\in X\cap \operatorname{dom}M\colon Mx=0\}$ 线性同胚于 $\mathbf{R}^n$，$n<\infty$.
则称之为拟线性算子.

令 $X_1=\operatorname{Ker}M$，X_2 是 X_1 在 X 中的余子空间，则 $X=X_1\oplus X_2$；同样设 Y_1 是 Y 的子空间，Y_2 是 Y_1 在 Y 中的余子空间，则有 $Y=Y_1\oplus Y_2$；设 $P\colon X\to X_1$ 和 $Q\colon Y\to Y_1$ 是两个投影算子，$D\subset X$ 为有界开集，且原点 $\theta\in D$.

设 $N_\lambda\colon \overline{D}\to Y$，$\lambda\in[0,1]$ 为连续算子，且 $(I-Q)N_0$ 为零算子，记

$$N=N_1,\ S_\lambda=\{x\in\overline{D}\colon Mx=N_\lambda x\}$$

如果下列条件满足：

(1) 存在 Y 中的子空间 Y_1，$\dim Y_1=\dim X_1<\infty$ 及全连续算子

$$R\colon \overline{D}\times[0,1]\to X_2$$

使 $\forall\lambda\in[0,1]$，有

$$(I-Q)N_\lambda(\overline{D})\subset \operatorname{Im}M\subset(I-Q)Y$$

(2) $QN_\lambda x=0$，$\lambda\in(0,1)\Leftrightarrow QNx=0$；

(3) $R(\cdot,0)$ 是零算子，且 $R(\cdot,\lambda)|_{\sum_\lambda}=(I-P)|_{\sum_\lambda}$；

(4) $M(P+R(\cdot,\lambda))=(I-Q)N_\lambda$，$\lambda\in[0,1]$.
则说 N_λ 在 $\overline{D}$ 上是 M-紧的.

当 $M=L$ 为线性算子时，由 N 的 L-紧可得 N_λ 的 M-紧.

设 $J\colon Y_1\to X_1$ 是同构映射，定义

$$S_\lambda=P+R(\cdot,\lambda)+JQN \tag{1.12}$$

则 $S_\lambda\colon \overline{D}\cap\mathrm{dom}M\to X$, $\lambda\in[0,1]$ 是全连续算子.

关于抽象方程

$$Mx = N_\lambda x, \quad \lambda\in(0,1),\tag{1.13}$$

有下面推广的 Mawhin 连续性定理.

定理 1.2.8 [14] 设 X, Y 是两个赋范实线性空间, 范数分别记为 $\|\cdot\|_X$ 和 $\|\cdot\|_Y$, $D\subset X$ 为非空有界开集, 设

$$M\colon X\cap\mathrm{dom}M\to Y$$

是拟线性算子, 且算子

$$N_\lambda\colon \overline{D}\to Y, \quad \lambda\in[0,1]$$

在 $\overline{D}$ 上为 M-紧. 如果

(1) 对 $\forall x\in\partial D\cap\mathrm{dom}L$, $\forall\lambda\in(0,1)$, 有 $Mx\neq N_\lambda x$;

(2) 对 $\forall x\in\partial D\cap\mathrm{Ker}M$, $QNx\neq0$;

(3) $\deg\{JQN, D\cap\mathrm{Ker}M, 0\}\neq0$, 其中 $N=N_1$, $J\colon\mathrm{Im}Q\to\mathrm{Ker}M$ 为同构映射, 则抽象方程 $Mx=Nx$ 在 $\overline{D}$ 中至少有一解.

1.2.3 迭代法

将非线性方程 $f(x)=0$ 化为一个同解方程

$$x = \phi(x)\tag{1.14}$$

并且假设 $\phi(x)$ 为连续函数, 则任取一个初值 x_0, 代入方程 (1.14) 的右端, 得

$$x_1 = \phi(x_0)$$

$$x_2 = \phi(x_1)$$

$$\cdots$$

$$x_{k+1} = \phi(x_k), \quad k=0,1,2,\cdots$$

为求解非线性方程 (1.14) 的迭代法，称 $\phi(x)$ 为迭代函数，x_k 为第 k 步迭代值.

如果存在一点 x^*，使得迭代序列 x_k 满足

$$\lim_{k\to\infty} x_k = x^*$$

则称迭代法是收敛的，否则称为发散的.

非线性方程一般不能直接求解，即解析解虽可证存在却无具体表达式. 因而，处理非线性微分方程，不动点定理结合迭代法是一个很好的求解途径.

Banach 不动点定理 (定理 1.2.2)，又称为压缩映射定理或压缩映射原理，是度量空间理论的一个重要工具. 它保证了度量空间的一定自映射的不动点的存在性和唯一性，并提供了求出这些不动点的构造性方法. 在 Banach 空间中，收缩算子在闭集上具有唯一的不动点，这也确保了迭代法的收敛性.

如果

$$\|Au - Av\| \leqslant k\|u - v\|, \quad k < 1$$

则经算子 A 作用后，空间中的两个点会靠得更近，因此，称 A 为收缩算子. 直观上，我们能感觉到不断应用算子 A，就能把一个集合中的点都聚在一起，这其实就是 Banach 不动点定理的主要内容. 而这种互相靠近的速度，初始点和不动点的误差，有限次迭代点和不动点的误差，都可以被精确地描述出来.

在 Banach 不动点定理的证明过程中，运用 Banach 空间的完备性，可以证明迭代序列

$$u_0, \quad Au_0, \quad A^2u_0, \quad \cdots, \quad A^nu_0, \quad \cdots$$

是一个柯西序列，因此必然收敛，而最终收敛的点就是不动点，满足条件 $u = Au$.

综上所述，单调迭代法是一种求解非线性方程和不等式的方法，其基本思想是利用单调性质来逼近解. 在 Banach 空间中，如果算子具有单调性，那么可以利用单调迭代法来逼近不动点. 这样一来，Banach 空间不动点定理和单调迭代法的结合，可以为我们提供一种求解非线性方程和不等式的有效方法.

我们可以先构造一个收缩算子，然后利用单调迭代法来逼近该算子的不动点. 其中，收缩算子的性质可以保证迭代序列的收敛性，并且得到唯一的不动点，从而得到非线性方程或不等式的解. 这种方法的优点在于，它不需要对原始问题进

行线性化，而是直接利用非线性问题的性质进行求解. 同时，不动点定理保证迭代序列的收敛性，避免了迭代过程中可能出现的发散问题.

总结一下，结合 Banach 空间不动点定理和单调迭代技巧的路径，通常情况下得到非线性方程或者不等式的迭代解包括以下步骤:

1. 定义 Banach 空间

需要确定一个 Banach 空间 (即一个完备的赋范线性空间)，我们将在此空间定义迭代过程和相关的算子.

2. 构造合适的算子

在 Banach 空间中，我们需要构造一个满足压缩条件的算子 (也即收缩映射或李普希茨连续映射)，这个算子还需满足 Banach 空间不动点定理的条件.

3. 验证单调性

我们的目标是利用单调迭代技巧，因此还需要确保构造的算子 T 是单调的，即对于任意 $x \leqslant y$，有 $Tx \leqslant Ty$，单调性确保了迭代序列的收敛方向.

4. 选择初始点

在 Banach 空间中选取一个初始点 x_0，这个初始点的选择可能依赖具体问题的背景知识和先前的估算.

5. 应用单调迭代

从初始点 x_0 开始，利用单调迭代技巧构造一个迭代序列 $\{x_n\}$，其中 $x_{n+1} = Tx_n$. 由于 T 是单调的，迭代序列将会朝着不动点的方向单调收敛.

6. 验证收敛性

利用 Banach 空间的不动点定理，我们可以确保迭代序列 $\{x_n\}$ 收敛到唯一的不动点 x^*，即 $\lim\limits_{n \to \infty} x_n = x^*$. 这个不动点就是原非线性方程或不等式的解.

7. 估计误差

根据迭代序列的收敛速度和具体问题的性质，我们可以估计迭代过程中产生的误差，并据此确定迭代何时可以停止，以满足所需的精度要求.

第 2 章

二阶微分方程边值问题迭代解

本章研究非奇异情形下二阶微分方程边值问题的迭代正解或一般解的存在性，采用的工具是不动点理论结合单调迭代技巧，本章五节内容分别取材于参考文献 [15]—[19]. 更多有关二阶常微分方程边值问题的解的讨论，请参看参考文献 [20]—[41] 及其相关内容.

2.1 具 p-Laplace 算子的二阶二点边值问题的迭代正解

本节中，讨论具 p–Laplace 算子的微分方程

$$(\phi_p(u'))' + q(t)f(u) = 0, \quad 0 < t < 1 \tag{2.1}$$

在下列四种非线性边界条件下正解的迭代存在性

$$(BC)\begin{cases} u(0) - B_0(u'(0)) = 0, \quad u(1) + B_1(u'(1)) = 0 & (BCa) \\[2mm] u(0) - B(u'(0)) = 0, \quad u(1) + B(u'(1)) = 0 & (BCb) \\[2mm] u(0) - B(u'(0)) = 0, \quad u'(1) = 0 & (BCc) \\[2mm] u'(0) = 0, \quad u(1) + B(u'(1)) = 0 & (BCd) \end{cases}$$

其中，$\phi_p(s) = |s|^{p-2}s$, $p > 1$；B_0，B_1 和 B 都是定义在 $(-\infty, +\infty)$ 上的连续泛函，而 $q(t)$ 可以在 $t = 0, 1$ 奇异.

2.1.1 预备工作

记 $E = C[0, 1]$，其中范数定义为

$$\|w\| := \max_{0 \leqslant t \leqslant 1} |w(t)|$$

则 E 为 Banach 空间. 称 $w^* \in E$ 是边值问题 (2.1) 和 (BC) 的一个正解，是指 w^* 满足边值问题 (2.1) 和 (BC)，且 $w^*(t) > 0$, $0 < t < 1$. 称 $w^* \in E$ 对称，是指

$$w^*(t) = w^*(1-t), \quad 0 \leqslant t \leqslant 1$$

称 $w^* \in E$ 单调，是指 $w(t)$ 在 $[0, 1]$ 上是单调上升的或者是单调下降的.

为方便起见，列出本节所需条件如下：

(H1)：$f \in C([0, +\infty), [0, +\infty))$；

(H2)：$q(t)$ 在 $(0, 1)$ 上非负可测，并且在 $(0, 1)$ 的任意紧子区间上不恒等于零；

(H3a)：$B_0(v)$ 和 $B_1(v)$ 都是定义在 $(-\infty, +\infty)$ 上单调上升的连续奇泛函，并且至少其一满足下列条件

存在 $m > 0$，使得对 $\forall v \geqslant 0$，都有 $0 \leqslant B_i(v) \leqslant mv$, $i = 0$ 或 1；

(H3b)：$B(v)$ 是定义在 $(-\infty, +\infty)$ 上单调上升的连续奇泛函，并且满足下列条件

存在 $m > 0$，使得对 $\forall v \geqslant 0$，都有 $0 \leqslant B(v) \leqslant mv$.

引理 2.1.1 对任意固定的 $k_1 \geqslant 0$, $k_2 \geqslant 0$, 若 $w_i(t) \in E$, $i = 1, 2$ 满足

$$\begin{cases} -(\phi_p(w_2'(t)))' + (\phi_p(w_1'(t)))' \geqslant 0, & 0 \leqslant t \leqslant 1 \\ k_1 w_2(0) - B_0 w_2'(0) = 0, & k_2 w_2(1) + B_1 w_2'(1) = 0 \\ k_1 w_1(0) - B_0 w_1'(0) = 0, & k_2 w_1(1) + B_1 w_1'(1) = 0 \end{cases}$$

则 $w_2(t) \geqslant w_1(t)$, $0 \leqslant t \leqslant 1$.

证明： 用反证法来进行证明.

假设结论不成立，则至少存在一点 $t_0 \in [0, 1]$ 使得

$$(w_2 - w_1)(t_0)$$

$$= \min_{0 \leqslant t \leqslant 1} (w_2 - w_1)(t) < 0$$

下面证明

$$(w_2 - w_1)'(t_0) = 0$$

从而有

$$\phi_p(w_1'(t_0)) - \phi_p(w_2'(t_0)) = 0$$

事实上，若 $t_0 = 0$，则

$$(w_2 - w_1)'(0) \geqslant 0$$

即

$$w_2'(0) \geqslant w_1'(0)$$

另外

$$B_0(w_2'(0)) - B_0(w_1'(0))$$

$$= k_1(w_2(0) - w_1(0)) \leqslant 0$$

因此，由 $B_0(v)$ 是单调上升的可知

$$w_2'(0) \leqslant w_1'(0)$$

因而

$$(w_2 - w_1)'(0) = 0$$

若 $t_0 = 1$，则与 $t_0 = 0$ 类似，易证明

$$(w_2 - w_1)'(1) = 0$$

若 $t_0 \in (0, 1)$，显然

$$(w_2 - w_1)'(t_0) = 0$$

由

$$(\phi_p(w_1') - \phi_p(w_2'))' \geqslant 0$$

和

$$\phi_p(w_1'(t_0)) - \phi_p(w_2'(t_0)) = 0$$

可知

$$\phi_p(w_1'(t)) - \phi_p(w_2'(t)) \geqslant 0, \quad t \in [t_0, 1]$$

并且

$$\phi_p(w_1'(t)) - \phi_p(w_2'(t)) \leqslant 0, \quad t \in [0, t_0]$$

因此

$$w_1'(t) - w_2'(t) \geqslant 0, \quad t \in [t_0, 1]$$

且

$$w_1'(t) - w_2'(t) \leqslant 0, \quad t \in [0, t_0]$$

从而，当 $t \in [t_0, 1]$ 时，

$$k_2(w_1 - w_2)(t)$$

$$\leqslant k_2(w_1 - w_2)(1)$$

$$= -B_1(w_2'(1)) + B_1(w_1'(1))$$

$$\leqslant 0$$

即

$$w_1(t) \leqslant w_2(t)$$

当 $t \in [0, t_0]$ 时，

$$k_1(w_1 - w_2)(t)$$

$$\leqslant k_1(w_1 - w_2)(0)$$

$$= -B_0(w_2'(0)) + B_0(w_1'(0))$$

$$\leqslant 0$$

即

$$w_1(t) \leqslant w_2(t)$$

因此，对任意 $t \in [0, 1]$ 都有

$$w_2(t) - w_1(t) \geqslant 0$$

与假设矛盾.

至此引理得证.

2.1.2 边值问题 (2.1) 和 (BCa) 迭代正解的存在性

本节中假设条件 (H1)、(H2) 和 (H3a) 成立.

定义

$$P_a = \{u \in E : u(t)是非负的凹泛函\}$$

则 P_a 是 E 中锥.

对任意 $u \in P_a$，定义算子 $T : P_a \to E$ 如下

$$(T_a u)(t) = \begin{cases} B_0\phi_p^{-1}\left(\displaystyle\int_0^\sigma q(s)f(u(s))\mathrm{d}s\right) \\ \qquad + \displaystyle\int_0^t \phi_p^{-1}\left(\displaystyle\int_s^\sigma q(\tau)f(u(\tau))\mathrm{d}\tau\right)\mathrm{d}s, \quad 0 \leqslant t \leqslant \sigma \\ B_1\phi_p^{-1}\left(\displaystyle\int_\sigma^1 q(s)f(u(s))\mathrm{d}s\right) \\ \qquad + \displaystyle\int_t^1 \phi_p^{-1}\left(\displaystyle\int_\sigma^s q(\tau)f(u(\tau))\mathrm{d}\tau\right)\mathrm{d}s, \quad \sigma \leqslant t \leqslant 1 \end{cases} \tag{2.2}$$

其中，若 $(T_a u)'(0) = 0$，则 $\sigma = 0$；若 $(T_a u)'(1) = 0$，则 $\sigma = 1$.

否则，σ 是下列方程的解

$$z(x) := v_1(x) - v_2(x) = 0 \tag{2.3}$$

其中

$$v_1(x) = B_0\phi_p^{-1}\left(\int_0^x q(s)f(u(s))\mathrm{d}s\right) + \int_0^x \phi_p^{-1}\left(\int_s^x q(\tau)f(u(\tau))\mathrm{d}\tau\right)\mathrm{d}s$$

$$v_2(x) = B_1\phi_p^{-1}\left(\int_x^1 q(s)f(u(s))\mathrm{d}s\right) + \int_x^1 \phi_p^{-1}\left(\int_x^s q(\tau)f(u(\tau))\mathrm{d}\tau\right)\mathrm{d}s$$

显见 $z(x)$ 是 $[0, 1]$ 上严格单调上升的连续函数, 且 $z(0) < 0$, $z(1) > 0$, 因此, 存在唯一的 $\sigma \in (0, 1)$ 满足式 (2.3). 综上, 算子 T_a 定义有意义.

下列结论显然成立.

引理 2.1.2 $T: P_a \to P_a$ 全连续. 并且 T_a 在 P_a 中的不动点必是边值问题 (2.1) 和 (BCa) 的解.

引理 2.1.3 对任意 $\delta \in \left(0, \dfrac{1}{2}\right)$, $u \in P_a$ 有下列性质:

(i) 对任意 $t \in [0, 1]$, $u(t) \geqslant \|u\|t(1-t)$;

(ii) 对任意 $t \in [0, 1]$, $u(t) \geqslant \delta^2\|u\|$.

对任意 $\delta \in \left(0, \dfrac{1}{2}\right)$, 在 $[\delta, 1-\delta]$ 上定义

$$y(x) = \int_\delta^x \phi_p^{-1}\left(\int_s^x q(\tau)\mathrm{d}\tau\right)\mathrm{d}s + \int_x^{1-\delta} \phi_p^{-1}\left(\int_x^s q(\tau)\mathrm{d}\tau\right)\mathrm{d}s$$

则 $y(x)$ 在 $[\delta, 1-\delta]$ 连续取正值. 记

$$\varepsilon = \min_{x \in [\delta, 1-\delta]} y(x) > 0$$

定理 2.1.1 假设条件 (H1)、(H2) 和 (H3a) 成立. 若存在 $\delta \in \left(0, \dfrac{1}{2}\right)$, 以及两个正数 $b < a$, 使得

(1) $f: [0, a] \to [0, +\infty)$ 单调上升;

(2) $f(\delta^2 b) \geqslant (bB)^{p-1}$, $f(a) \leqslant (aA)^{p-1}$, 其中

$$B = \frac{2}{\varepsilon}, \quad A = \frac{1}{(m+1)\phi_p^{-1}\left(\displaystyle\int_0^1 q(\tau)\mathrm{d}\tau\right)}$$

则边值问题 (2.1) 和 (BCa) 存在正解 $w^* \in P_a$ 满足 $b \leqslant \|w^*\| \leqslant a$，并且有 $\lim\limits_{n \to +\infty} T_a^n w_0 = w^*$，其中 $w_0(t) = a$，$t \in [0, 1]$.

证明： 记 $P_a[b, a] = \{w \in P_a \colon b \leqslant \|w\| \leqslant a\}$.

下面，首先证明 $T_a P_a[b, a] \subset P_a[b, a]$.

令 $w \in P_a[b, a]$，那么

$$0 \leqslant w(t) \leqslant \max_{t \in [0, 1]} w(t) = \|w\| \leqslant a$$

由引理 2.1.3 可知

$$\min_{t \in [\delta, 1-\delta]} w(t) \geqslant \delta^2 \|w\| \geqslant \delta^2 b$$

由条件 (1) 和 (2)，得

$$0 \leqslant f(w(t)) \leqslant f(a) \leqslant (aA)^{p-1}, \quad t \in [0, 1] \tag{2.4}$$

$$f(w(t)) \geqslant f(\delta^2 b) \geqslant (bB)^{p-1}, \quad t \in [\delta, 1-\delta] \tag{2.5}$$

因此，对任意 $w(t) \in P_a[b, a]$，一方面，由式 (2.5) 可知，当 $\sigma \in [\delta, 1-\delta]$ 时，

$$2\|T_a w\| = 2 T_a w(\sigma)$$

$$= B_0 \phi_p^{-1} \left(\int_0^\sigma q(s) f(u(s)) \mathrm{d}s \right) + \int_0^\sigma \phi_p^{-1} \left(\int_s^\sigma q(\tau) f(u(\tau)) \mathrm{d}\tau \right) \mathrm{d}s$$

$$\quad + B_1 \phi_p^{-1} \left(\int_\sigma^1 q(s) f(u(s)) \mathrm{d}s \right) + \int_\sigma^1 \phi_p^{-1} \left(\int_\sigma^s q(\tau) f(u(\tau)) \mathrm{d}\tau \right) \mathrm{d}s$$

$$\geqslant \int_0^\sigma \phi_p^{-1} \left(\int_s^\sigma q(\tau) f(u(\tau)) \mathrm{d}\tau \right) \mathrm{d}s + \int_\sigma^1 \phi_p^{-1} \left(\int_\sigma^s q(\tau) f(u(\tau)) \mathrm{d}\tau \right) \mathrm{d}s$$

$$\geqslant \int_\delta^\sigma \phi_p^{-1} \left(\int_s^\sigma q(\tau) f(u(\tau)) \mathrm{d}\tau \right) \mathrm{d}s + \int_\sigma^{1-\delta} \phi_p^{-1} \left(\int_\sigma^s q(\tau) f(u(\tau)) \mathrm{d}\tau \right) \mathrm{d}s$$

$$\geqslant bB \left[\int_\delta^\sigma \phi_p^{-1} \left(\int_s^\sigma q(\tau) \mathrm{d}\tau \right) \mathrm{d}s + \int_\sigma^{1-\delta} \phi_p^{-1} \left(\int_\sigma^s q(\tau) \mathrm{d}\tau \right) \mathrm{d}s \right]$$

$$= bB y(\sigma) \geqslant bB\varepsilon = 2b$$

当 $\sigma \in [0, \delta]$ 时,

$$\|T_a w\| \geqslant (T_a w)(\delta)$$

$$= B_1 \phi_p^{-1} \left(\int_\sigma^1 q(s) f(u(s)) \mathrm{d}s \right) + \int_\delta^1 \phi_p^{-1} \left(\int_\sigma^s q(\tau) f(u(\tau)) \mathrm{d}\tau \right) \mathrm{d}s$$

$$\geqslant \int_\delta^1 \phi_p^{-1} \left(\int_\sigma^s q(\tau) f(u(\tau)) \mathrm{d}\tau \right) \mathrm{d}s$$

$$\geqslant \int_\delta^{1-\delta} \phi_p^{-1} \left(\int_\delta^s q(\tau) f(u(\tau)) \mathrm{d}\tau \right) \mathrm{d}s$$

$$= bBy(\delta)$$

$$\geqslant bB\varepsilon$$

$$= 2b \geqslant b$$

当 $\sigma \in [1-\delta, 1]$ 时,

$$\|T_a w\| \geqslant (T_a w)(1-\delta)$$

$$= B_0 \phi_p^{-1} \left(\int_0^\sigma q(s) f(u(s)) \mathrm{d}s \right) + \int_0^{1-\delta} \phi_p^{-1} \left(\int_s^\sigma q(\tau) f(u(\tau)) \mathrm{d}\tau \right) \mathrm{d}s$$

$$\geqslant \int_0^{1-\delta} \phi_p^{-1} \left(\int_s^\sigma q(\tau) f(u(\tau)) \mathrm{d}\tau \right) \mathrm{d}s$$

$$\geqslant \int_\delta^{1-\delta} \phi_p^{-1} \left(\int_s^{1-\delta} q(\tau) f(u(\tau)) \mathrm{d}\tau \right) \mathrm{d}s$$

$$= bBy(1-\delta)$$

$$\geqslant bB\varepsilon$$

$$= 2b \geqslant b$$

因此, $\|T_a w\| \geqslant b$.

另一方面, 由条件 $(H3a)$ 和式 (2.4), 断定下列关系至少其一成立.

$$\|T_a w\| = \|T_a w(\sigma)\|$$

$$= B_0\phi_p^{-1}\left(\int_0^\sigma q(s)f(u(s))\mathrm{d}s\right) + \int_0^\sigma \phi_p^{-1}\left(\int_s^\sigma q(\tau)f(u(\tau))\mathrm{d}\tau\right)\mathrm{d}s$$

$$\leqslant B_0\phi_p^{-1}\left(\int_0^1 q(s)f(u(s))\mathrm{d}s\right) + \phi_p^{-1}\left(\int_0^1 q(\tau)f(u(\tau))\mathrm{d}\tau\right)$$

$$\leqslant (m+1)aA\phi_p^{-1}\left(\int_0^1 q(\tau)\mathrm{d}\tau\right)$$

$$= a$$

或

$$\|T_a w\| = \|T_a w(\sigma)\|$$

$$= B_1\phi_p^{-1}\left(\int_\sigma^1 q(s)f(u(s))\mathrm{d}s\right) + \int_\sigma^1 \phi_p^{-1}\left(\int_\sigma^s q(\tau)f(u(\tau))\mathrm{d}\tau\right)\mathrm{d}s$$

$$\leqslant B_1\phi_p^{-1}\left(\int_0^1 q(s)f(u(s))\mathrm{d}s\right) + \phi_p^{-1}\left(\int_0^1 q(\tau)f(u(\tau))\mathrm{d}\tau\right)$$

$$\leqslant (m+1)aA\phi_p^{-1}\left(\int_0^1 q(\tau)\mathrm{d}\tau\right)$$

$$= a$$

因此，$\|T_a w\| \leqslant a$.

综上，对任意 $w \in P_a[b, a]$，都有 $b \leqslant \|T_a w\| \leqslant a$.

从而，$T_a P_a[b, a] \subset P_a[b, a]$.

令 $w_0(t) = a$, $t \in [0, 1]$，则 $w_0(t) \in P_a[b, a]$. 记 $w_1 = T_a w_0$，则 $w_1 \in P_a[b, a]$.

记

$$w_{n+1} = Tw_n = T^{n+1}w_0, \quad n = 0, 1, 2, \cdots \tag{2.6}$$

由 $T_a P_a[b, a] \subset P_a[b, a]$ 可知，$w_n \in P_a[b, a]$ $(n = 0, 1, 2, \cdots)$.

由引理 2.1.2 可知，T_a 是紧的. 因此，$\{w_n\}_{n=1}^\infty$ 有一个收敛子列 $\{w_{n_k}\}_{k=1}^\infty$，并且存在 $w^* \in P_a[b, a]$，使得 $w_{n_k} \to w^*$.

由 $w_1 \in P_a[b, a]$, 得

$$0 \leqslant w_1(t) \leqslant \|w_1\| \leqslant a = w_0(t)$$

由 w_1 和 w_2 的定义可知

$$
\begin{cases}
(\phi_p(w_1'))' + q(t)f(w_0(t)) = 0, & 0 < t < 1 \\
w_1(0) - B_0(w_1'(0)) = 0, & w_1(1) + B_1(w_1'(1)) = 0
\end{cases}
\tag{2.7}
$$

$$
\begin{cases}
(\phi_p(w_2'))' + q(t)f(w_1(t)) = 0, & 0 < t < 1 \\
w_2(0) - B_0(w_2'(0)) = 0, & w_2(1) + B_1(w_2'(1)) = 0
\end{cases}
\tag{2.8}
$$

结合方程 (2.7)、(2.8) 和 $f: [0, a] \to [0, +\infty)$ 单调上升, 并且 $w_1 \leqslant w_0$, 可知

$$
\begin{cases}
-(\phi_p(w_1'(t)))' + (\phi_p(w_2'(t)))' \geqslant 0, \ 0 \leqslant t \leqslant 1 \\
w_2(0) - B_0 w_2'(0) = 0, \quad w_2(1) + B_1 w_2'(1) = 0 \\
w_1(0) - B_0 w_1'(0) = 0, \quad w_1(1) + B_1 w_1'(1) = 0
\end{cases}
$$

由引理 2.1.1 (令 $k_1 = k_2 = 1$) 得 $w_1(t) \geqslant w_2(t)$, $0 \leqslant t \leqslant 1$.

以此类推, 得 $w_n(t) \geqslant w_{n+1}(t)$, $0 \leqslant t \leqslant 1$ $(n = 0, 1, 2, \cdots)$. 因此断定, $w_n \to w^*$. 在 (2.6) 中令 $n \to \infty$, 利用 T_a 的连续性, 可知 $T_a w^* = w^*$.

由 $\|w^*\| \geqslant b > 0$ 及 w^* 在 $[0, 1]$ 上非负凹, 断定 $w^*(t) > 0$, $t \in (0, 1)$.

因此, w^* 是边值问题 (2.1) 和 (BCa) 的正解.

推论 2.1.1 假设条件 (H1)、(H2) 和 (H3a) 成立. 若存在一个常数 $\delta \in \left(0, \dfrac{1}{2}\right)$ 使得

(1') $f: [0, +\infty) \to [0, +\infty)$ 单调上升;

(2') $\displaystyle\lim_{l \to 0} \frac{f(l)}{l^{p-1}} > \left(\frac{B}{\delta^2}\right)^{p-1}$, $\displaystyle\lim_{l \to +\infty} \frac{f(l)}{l^{p-1}} < A^{p-1}$,

其中 A, B 如定理 2.1.1 中定义.

则存在常数 $a > 0$ 和 $b > 0$，使得边值问题 (2.1) 和 (BCa) 有正解 $w^* \in P_a$，并且满足

$$b \leqslant \|w^*\| \leqslant a$$

和

$$\lim_{n \to +\infty} T^n w_0 = w^*$$

其中，$w_0(t) = a$, $t \in [0, 1]$.

若 (BCa) 中 $B_0 = B_1$，则可有更好的结果，这就是下面将给出的内容.

2.1.3 边值问题 (2.1) 和 (BCb) 对称解的存在性

在这一部分中，假设条件 (H1)、(H2) 和 (H3b) 成立，且

$$q(1 - t) = q(t), \quad t \in (0, 1)$$

定义

$$P_b = \{u \in E: \ u(t)在 [0, 1]上是非负的，对称的和凹的\}$$

则 P_b 是 E 中的锥.

引理 2.1.4 对任意 $0 < \delta < \dfrac{1}{2}$，$u \in P_b$ 有下列性质：

(iii) $u(t) \geqslant 2\|u\| \min\{t, \ 1 - t\}$, $t \in [0, 1]$;

(iv) $u(t) \geqslant 2\delta\|u\|$, $t \in [\delta, \ 1 - \delta]$.

证明：利用 u 的凹性和对称性，可得 (iii) 成立. 而 (iv) 由 (iii) 可得.

当 $q(t) = q(1 - t)$，$B_0 = B_1 = B$ 时，对任意 $u \in P_b$，如果在方程 (2.3) 中选择 $x = \dfrac{1}{2}$，那么

$$z\left(\frac{1}{2}\right)$$

$$= v_1\left(\frac{1}{2}\right) - v_2\left(\frac{1}{2}\right)$$

$$= B\phi_p^{-1}\left(\int_0^{\frac{1}{2}} q(s)f(u)\mathrm{d}s\right) + \int_0^{\frac{1}{2}} \phi_p^{-1}\left(\int_s^{\frac{1}{2}} q(\tau)f(u)\mathrm{d}\tau\right)\mathrm{d}s \tag{2.9}$$

$$- B\phi_p^{-1}\left(\int_{\frac{1}{2}}^{1} q(s)f(u)\mathrm{d}s\right) - \int_{\frac{1}{2}}^{1} \phi_p^{-1}\left(\int_{\frac{1}{2}}^{s} q(\tau)f(u)\mathrm{d}\tau\right)\mathrm{d}s$$

$$= 0$$

因此, 对任意 $u \in E$, 定义

$$(T_b u)(t) = \begin{cases} B\phi_p^{-1}\left(\displaystyle\int_0^{\frac{1}{2}} q(s)f(u(s))\mathrm{d}s\right) \\ \qquad + \displaystyle\int_0^t \phi_p^{-1}\left(\int_s^{\frac{1}{2}} q(\tau)f(u(\tau))\mathrm{d}\tau\right)\mathrm{d}s, \quad 0 \leqslant t \leqslant \dfrac{1}{2} \\ B\phi_p^{-1}\left(\displaystyle\int_{\frac{1}{2}}^{1} q(s)f(u(s))\mathrm{d}s\right) \\ \qquad + \displaystyle\int_t^1 \phi_p^{-1}\left(\int_{\frac{1}{2}}^{s} q(\tau)f(u(\tau))\mathrm{d}\tau\right)\mathrm{d}s, \quad \dfrac{1}{2} \leqslant t \leqslant 1 \end{cases} \tag{2.10}$$

引理 2.1.5 $T_b\colon P_b \to P_b$ 是连续和紧的.

进一步, T_b 在 P_b 中的不动点必是边值问题 (2.1) 和 (BCb) 的凹的非负对称解.

证明: 只需证明对任意 $u \in P_b$, $T_b u$ 是对称的.

事实上, 对任意 $u \in P_b$, 利用 $q(t)$ 和 $u(t)$ 的对称性可知:

当 $t \in \left[0, \dfrac{1}{2}\right]$ 时,

$$T_b u(1-t) = B\phi_p^{-1}\left(\int_{\frac{1}{2}}^{1} q(s)f(u)\mathrm{d}s\right) + \int_{1-t}^{1} \phi_p^{-1}\left(\int_{\frac{1}{2}}^{s} q(\tau)f(u)\mathrm{d}\tau\right)\mathrm{d}s$$

$$= B\phi_p^{-1}\left(\int_0^{\frac{1}{2}} q(s)f(u)\mathrm{d}s\right) + \int_0^t \phi_p^{-1}\left(\int_s^{\frac{1}{2}} q(\tau)f(u)\mathrm{d}\tau\right)\mathrm{d}s$$

$$= T_b u(t)$$

而当 $t \in \left[\dfrac{1}{2},\ 1\right]$ 时,

$$
\begin{aligned}
T_b u(1-t) &= B\phi_p^{-1}\left(\int_0^{\frac{1}{2}} q(s)f(u)\mathrm{d}s\right) + \int_0^{1-t} \phi_p^{-1}\left(\int_s^{\frac{1}{2}} q(\tau)f(u)\mathrm{d}\tau\right)\mathrm{d}s \\
&= B\phi_p^{-1}\left(\int_{\frac{1}{2}}^1 q(s)f(u)\mathrm{d}s\right) + \int_t^1 \phi_p^{-1}\left(\int_{\frac{1}{2}}^s q(\tau)f(u)\mathrm{d}\tau\right)\mathrm{d}s \\
&= T_b u(t)
\end{aligned}
$$

因此, T_b 映锥 P_b 到锥 P_b.

由条件 (H2) 可得, $0 < \displaystyle\int_0^{\frac{1}{2}} q(r)\mathrm{d}r < +\infty$, 并且对任意的 $0 < \delta < \dfrac{1}{2}$ 有

$$
\int_\delta^{\frac{1}{2}} \phi_p^{-1}\left(\int_s^{\frac{1}{2}} q(\tau)\mathrm{d}\tau\right)\mathrm{d}s > 0
$$

定理2.1.2 假设条件 (H1)、(H2) 和 (H3b) 成立,且 $q(1-t) = q(t)$, $t \in (0,\ 1)$. 如果存在 $\delta \in \left(0,\ \dfrac{1}{2}\right)$ 和两个常数 $0 < b < a$ 使得下列条件满足:

(3) $f: [0,\ a] \to [0,\ +\infty)$ 单调上升;

(4) $f(2\delta b) \geqslant (bB)^{p-1}$, $f(a) \leqslant (aA)^{p-1}$, 其中

$$
B = \dfrac{1}{\displaystyle\int_\delta^{\frac{1}{2}} \phi_p^{-1}\left(\int_s^{\frac{1}{2}} q(\tau)\mathrm{d}\tau\right)\mathrm{d}s}, \qquad A = \dfrac{1}{\left(m+\dfrac{1}{2}\right)\phi_p^{-1}\left(\displaystyle\int_0^{\frac{1}{2}} q(r)\mathrm{d}r\right)}
$$

则边值问题 (2.1) 和 (BCb) 存在凹的对称正解 w^*, $v^* \in P_b$, 满足

$$
b \leqslant \|w^*\| \leqslant a \quad \text{和} \quad \lim_{n \to +\infty} (T_b)^n w_0 = w^*, \text{ 其中 } w_0(t) = a
$$

$$
b \leqslant \|v^*\| \leqslant a \quad \text{和} \quad \lim_{n \to +\infty} (T_b)^n v_0 = v^*, \text{ 其中 } v_0(t) = 2b\min\{t,\ 1-t\}
$$

证明: 记 $P_b[b,\ a] = \{w \in P_b: b \leqslant \|w\| \leqslant a\}$.

首先证明 $T_b P_b[b,\ a] \subset P_b[b,\ a]$.

令 $w \in P_b[b,\, a]$，则

$$0 \leqslant w(t) \leqslant \max_{t \in [0,\, 1]} w(t) = \|w\| \leqslant a$$

由引理 2.1.4，得

$$\min_{t \in [\delta,\, 1-\delta]} w(t) \geqslant 2\delta \|w\| \geqslant 2\delta b$$

因此，由条件 (3) 和 (4)，得

$$0 \leqslant f(w(t)) \leqslant f(a) \leqslant (aA)^{p-1}, \quad t \in [0,\, 1] \tag{2.11}$$

$$f(w(t)) \geqslant f(2\delta b) \geqslant (bB)^{p-1}, \quad t \in [\delta,\, 1-\delta] \tag{2.12}$$

因此，对任意 $w(t) \in P_b[b,\, a]$，有

$$
\begin{aligned}
\|T_b w\| &= T_b w\left(\frac{1}{2}\right) \\
&= B\phi_p^{-1}\left(\int_0^{\frac{1}{2}} q(s)f(w)\mathrm{d}s\right) + \int_0^{\frac{1}{2}} \phi_p^{-1}\left(\int_s^{\frac{1}{2}} q(\tau)f(w)\mathrm{d}\tau\right)\mathrm{d}s \\
&\geqslant \int_\delta^{\frac{1}{2}} \phi_p^{-1}\left(\int_s^{\frac{1}{2}} q(\tau)f(w(\tau))\mathrm{d}\tau\right)\mathrm{d}s \\
&\geqslant bB\left[\int_\delta^{\frac{1}{2}} \phi_p^{-1}\left(\int_s^{\frac{1}{2}} q(\tau)\mathrm{d}\tau\right)\mathrm{d}s\right] \\
&= b
\end{aligned}
$$

及

$$
\begin{aligned}
\|T_b w\| &= T_b w\left(\frac{1}{2}\right) \\
&= B\phi_p^{-1}\left(\int_0^{\frac{1}{2}} q(s)f(w)\mathrm{d}s\right) + \int_0^{\frac{1}{2}} \phi_p^{-1}\left(\int_s^{\frac{1}{2}} q(\tau)f(w)\mathrm{d}\tau\right)\mathrm{d}s \\
&\leqslant m\phi_p^{-1}\left(\int_0^{\frac{1}{2}} q(s)f(w(s))\mathrm{d}s\right) + \frac{1}{2}\phi_p^{-1}\left(\int_0^{\frac{1}{2}} q(\tau)f(w)\mathrm{d}\tau\right)
\end{aligned}
$$

$$= (m + \frac{1}{2})\phi_p^{-1}\left(\int_0^{\frac{1}{2}} q(\tau)f(w)\mathrm{d}\tau\right)$$

$$\leqslant \left(m + \frac{1}{2}\right)aA\phi_p^{-1}\left(\int_0^{\frac{1}{2}} q(\tau)\mathrm{d}\tau\mathrm{d}s\right)$$

$$= a$$

综上，对任意的 $w \in P_b[b, a]$，有 $b \leqslant \|T_b w\| \leqslant a$，也即 $T_b P_b[b, a] \subset P_b[b, a]$。

令 $w_0(t) = a$，$t \in [0, 1]$，则 $w_0(t) \in P_a[b, a]$。

记 $w_1 = T_b w_0$，则 $w_1 \in P_a[b, a]$。

记

$$w_{n+1} = T_b w_n = T_b^{n+1} w_0, \quad n = 0, 1, 2, \cdots \tag{2.13}$$

由 $T_b P_a[b, a] \subset P_a[b, a]$，得 $w_n \in P_a[b, a](n = 0, 1, 2, \cdots)$。又由 T_b 是紧的，可知 $\{w_n\}_{n=1}^{\infty}$ 存在收敛子列 $\{w_{n_k}\}_{k=1}^{\infty}$，并且存在 $w^* \in P_b[b, a]$，使得 $w_{n_k} \to w^*$。

由 $w_1 \in P_b[b, a]$ 可知

$$0 \leqslant w_1(t) \leqslant \|w\| \leqslant a = w_0(t)$$

根据 w_1 和 w_2 的定义，有

$$\begin{cases} (\phi_p(w_1'))' + q(t)f(w_0(t)) = 0, & 0 < t < 1 \\ w_1(0) - B(w_1'(0)) = 0, & w_1(1) + B(w_1'(1)) = 0 \end{cases} \tag{2.14}$$

$$\begin{cases} (\phi_p(w_2'))' + q(t)f(w_1(t)) = 0, & 0 < t < 1 \\ w_2(0) - B(w_2'(0)) = 0, & w_2(1) + B(w_2'(1)) = 0 \end{cases} \tag{2.15}$$

结合方程 (2.14)、(2.15) 及 $f: [0, a] \to [0, +\infty)$ 单调上升和 $w_1 \leqslant w_0$，得

$$\begin{cases} -(\phi_p(w_1'(t)))' + (\phi_p(w_2'(t)))' \geqslant 0, & 0 \leqslant t \leqslant 1 \\ w_2(0) - Bw_2'(0) = 0, \ w_2(1) + Bw_2'(1) = 0 \\ w_1(0) - Bw_1'(0) = 0, \ w_1(1) + Bw_1'(1) = 0 \end{cases}$$

由引理 2.1.1 (令 $k_1 = k_2 = 1$, $B_0 = B_1 = B$), 得 $w_1(t) \geqslant w_2(t)$, $0 \leqslant t \leqslant 1$.

以此类推, 得 $w_n(t) \geqslant w_{n+1}(t)$, $0 \leqslant t \leqslant 1(n = 0, 1, 2, \cdots)$. 因此, 有 $w_n \to w^*$. 在方程 (2.13) 中, 令 $n \to \infty$, 结合 T_b 的连续性, 得 $T_b w^* = w^*$.

由 $\|w^*\| \geqslant b > 0$ 及 w^* 在 $[0, 1]$ 上是非负凹的, 可以断定 $w^*(t) > 0$, $t \in (0, 1)$. 因此, w^* 是边值问题 (2.1) 和 (BCb) 正的对称解.

令 $v_0(t) = 2b \min\{t, 1 - t\}$, $t \in [0, 1]$, 则 $\|v_0\| = b$, 且 $v_0(t) \in P_b[b, a]$.

记 $v_1 = (T_b)v_0$, 则 $v_1 \in P_a[b, a]$.

记

$$v_{n+1} = T_b v_n = (T_b)^{n+1} v_0, \quad n = 0, 1, 2, \cdots$$

同样地, 断定 $\{v_n\}_{n=1}^{\infty}$ 存在收敛子列 $\{v_{n_k}\}_{k=1}^{\infty}$, 且存在 $v^* \in P_b[b, a]$ 使得 $v_{n_k} \to v^*$.

由 $v_1 \in P_b[b, a]$, 利用引理 2.1.4 可知

$$v_1(t) \geqslant 2\|v_1\| \min\{t, 1 - t\} \geqslant 2b \min\{t, 1 - t\} = v_0(t)$$

与 $\{w_n\}_{n=1}^{\infty}$ 类似, 容易断定 $v_n(t) \leqslant v_{n+1}(t)$, $0 \leqslant t \leqslant 1(n = 0, 1, 2, \cdots)$. 因此, $v_n \to v^*$, $T_b v^* = v^*$ 且 $v^*(t) > 0$, $t \in (0, 1)$.

从而, v^* 是边值问题 (2.1) 和 (BCb) 正的对称解.

如果 $\lim\limits_{n \to \infty} w_n \neq \lim\limits_{n \to \infty} v_n$, 则 w^* 与 v^* 是边值问题 (2.1) 和 (BCb) 的两个凹的对称正解. 而如果 $\lim\limits_{n \to \infty} w_n = \lim\limits_{n \to \infty} v_n$, 则 $w^* = v^*$ 是边值问题 (2.1) 和 (BCb) 的一个凹的对称正解.

至此, 定理得证.

推论2.1.2 假设条件 (H1)、(H2) 和 (H3b) 成立, 且 $q(1 - t) = q(t)$, $t \in (0, 1)$. 若存在常数 $\delta \in \left(0, \dfrac{1}{2}\right)$ 使得

(3′) $f: [0, +\infty) \to [0, +\infty)$ 单调上升;

(4′) $\lim\limits_{l \to 0} \dfrac{f(l)}{l^{p-1}} > \left(\dfrac{B}{2\delta}\right)^{p-1}$, $\quad \lim\limits_{l \to +\infty} \dfrac{f(l)}{l^{p-1}} < (aA)^{p-1}$,

其中 A, B 如定理 2.1.2 中定义, 则存在两个常数 $a > 0$ 和 $b > 0$ 使得边值问题

(2.1) 和 (BCb) 存在凹的对称正解 w^*, $v^* \in P_b$ 且满足

$$b \leqslant \|w^*\| \leqslant a \quad 和 \quad \lim_{n \to +\infty} T_b^n w_0 = w^*, \quad 其中 \ w_0(t) = a$$

$$b \leqslant \|v^*\| \leqslant a \quad 和 \quad \lim_{n \to +\infty} T_b^n v_0 = v^*, \ 其中 \ v_0(t) = 2b \min\{t, \, 1-t\}$$

2.1.4 边值问题 (2.1) 和 (BCc) 与 (2.1) 和 (BCd) 单调解的存在性

在这一部分中，假设条件 (H1)、(H2) 和 (H3b) 成立.

定义

$$P_c = \{u \in E: \ u(t) 在 [0, 1] 上是非负的，单调上升和凹的\} \tag{2.16}$$

则 P_c 是 E 中的锥.

下面引理显然成立.

引理 2.1.6 若 $u \in P_c$，则 $u(t) \geqslant t\|u\|$, $t \in [0, 1]$.

对任意 $u \in E$，定义

$$(T_c u)(t) = B\left(\phi_p^{-1}\left(\int_0^1 q(s)f(u(s))\mathrm{d}s\right)\right) \\ + \int_0^t \phi_p^{-1}\left(\int_s^1 q(\tau)f(u(\tau))\mathrm{d}\tau\right)\mathrm{d}s, \quad t \in [0, 1] \tag{2.17}$$

引理 2.1.7 $T_c: P_c \to P_c$ 是连续紧的.

进一步，T_c 在 P_c 中的不动点必是边值问题 (2.1) 和 (BCc) 凹的单调上升的非负解.

证明： 由引理 2.1.3 可知，仅需证明对任意 $u \in P_c$，$T_c u$ 在 $[0, 1]$ 上单调上升，而这由 $(T_c u)(t)$ 的表达式易见.

定理 2.1.3 假设条件 (H1)、(H2) 和 (H3b) 成立. 如果存在 $\delta \in (0, 1)$ 和两个正数 $b < a$，满足

(5) $f: [0, a] \to [0, \ +\infty)$ 单调上升；

(6) $f(\delta b) \geqslant (bB)^{p-1}$, $f(a) \leqslant (aA)^{p-1}$,

其中

$$B = \frac{1}{\displaystyle\int_\delta^1 \phi_p^{-1}\left(\int_s^1 q(\tau)\mathrm{d}\tau\right)\mathrm{d}s}, \quad A = \frac{1}{(m+1)\phi_p^{-1}\left(\displaystyle\int_0^1 q(r)\mathrm{d}r\right)}$$

则边值问题 (2.1) 和 (BCc) 存在单调上升的非负解 w^*, $v^* \in P_b$, 满足

$$b \leqslant \|w^*\| \leqslant a \ \text{和} \ \lim_{n\to+\infty} T_c^n w_0 = w^*, \ \text{其中} \ w_0(t) = a, \ t \in [0, 1]$$

$$b \leqslant \|v^*\| \leqslant a \ \text{和} \ \lim_{n\to+\infty} T_c^n v_0 = v^*, \ \text{其中} \ v_0(t) = bt, \ t \in [0, 1]$$

证明: 记 $P_c[b, a] = \{w \in P_c\colon b \leqslant \|w\| \leqslant a\}$.

首先, 证明 $T_c P_c[b, a] \subset P_c[b, a]$.

令 $w \in P_c[b, a]$, 则

$$0 \leqslant w(t) \leqslant \max_{t\in[0, 1]} w(t) = \|w\| \leqslant a$$

由引理 2.1.6 可知

$$\min_{t\in[\delta, 1]} w(t) \geqslant \delta\|w\| \geqslant \delta b$$

因此, 根据条件 (5) 和 (6), 得

$$0 \leqslant f(w(t)) \leqslant f(a) \leqslant (aA)^{p-1}, \quad t \in [0, 1] \tag{2.18}$$

$$f(w(t)) \geqslant f(\delta b) \geqslant (bB)^{p-1}, \quad t \in [\delta, 1] \tag{2.19}$$

因此, 对任意 $w(t) \in P_c[b, a]$, 有

$$\|T_c w\| = T_c w(1)$$

$$= B\phi_p^{-1}\left(\int_0^1 q(s)f(w(s))\mathrm{d}s\right) + \int_0^1 \phi_p^{-1}\left(\int_s^1 q(\tau)f(w(\tau))\mathrm{d}\tau\right)\mathrm{d}s$$

$$\geqslant \int_\delta^1 \phi_p^{-1}\left(\int_s^1 q(\tau)f(w(\tau))\mathrm{d}\tau\right)\mathrm{d}s$$

$$\geqslant bB\int_\delta^1 \phi_p^{-1}\left(\int_s^1 q(\tau)\mathrm{d}\tau\right)\mathrm{d}s$$

$$= b$$

另外

$$\|T_c w\| = T_c w(1)$$

$$= B\phi_p^{-1}\left(\int_0^1 q(s)f(w(s))\mathrm{d}s\right) + \int_0^1 \phi_p^{-1}\left(\int_s^1 q(\tau)f(w(\tau))\mathrm{d}\tau\right)\mathrm{d}s$$

$$\leqslant m\phi_p^{-1}\left(\int_0^1 q(s)f(w(s))\mathrm{d}s\right) + \phi_p^{-1}\left(\int_0^1 q(\tau)f(w(\tau))\mathrm{d}\tau\right)$$

$$= (m+1)\phi_p^{-1}\left(\int_0^1 q(\tau)f(w(\tau))\mathrm{d}\tau\right)$$

$$\leqslant (m+1)aA\phi_p^{-1}\left(\int_0^1 q(\tau)\mathrm{d}\tau\right)$$

$$= a$$

综上, 有 $b \leqslant \|T_c w\| \leqslant a$.

从而, $T_c P_c[b, a] \subset P_c[b, a]$.

令 $w_0(t) = a$, $t \in [0, 1]$, 则 $w_0(t) \in P_c[b, a]$.

记 $w_1 = T_c w_0$, 则 $w_1 \in P_c[b, a]$.

记

$$w_{n+1} = T_c w_n = T_c^{n+1} w_0, \quad n = 0, 1, 2, \cdots \tag{2.20}$$

由 $T_c P_c[b, a] \subset P_c[b, a]$, 得 $w_n \in P_c[b, a](n = 0, 1, 2, \cdots)$. 又 T_c 紧, 因此, $\{w_n\}_{n=1}^\infty$ 存在收敛子列 $\{w_{n_k}\}_{k=1}^\infty$, 并且, 存在 $w^* \in P_c[b, a]$, 使得 $w_{n_k} \to w^*$.

由 $w_1 \in P_c[b, a]$ 得

$$0 \leqslant w_1(t) \leqslant \|w\| \leqslant a = w_0(t)$$

由 w_1 和 w_2 定义可知

$$\begin{cases} (\phi_p(w_1'))' + q(t)f(w_0(t)) = 0, & 0 < t < 1 \\ w_1(0) - B(w_1'(0)) = 0, & w_1'(1) = 0 \end{cases} \tag{2.21}$$

$$\begin{cases} (\phi_p(w_2'))' + q(t)f(w_1(t)) = 0, & 0 < t < 1 \\ w_2(0) - B(w_2'(0)) = 0, & w_2'(1) = 0 \end{cases} \tag{2.22}$$

结合方程 (2.21)、(2.22) 及 $f\colon [0,a] \to [0.+\infty)$ 单调上升和 $w_1 \leqslant w_0$, 得

$$
\begin{cases}
-(\phi_p(w_1'(t)))' + (\phi_p(w_2'(t)))' \geqslant 0, & 0 \leqslant t \leqslant 1 \\
w_2(0) - Bw_2'(0) = 0,\ w_2'(1) = 0 \\
w_1(0) - Bw_1'(0) = 0,\ w_1'(1) = 0
\end{cases}
$$

由引理 2.1.1 [令 $k_1 = 1$, $k_2 = 0$, $B_0(v) = v$, $B_v = 0$], 可知 $w_1(t) \geqslant w_2(t)$, $0 \leqslant t \leqslant 1$.

以此类推, 得 $w_n(t) \geqslant w_{n+1}(t)$, $0 \leqslant t \leqslant 1 (n = 0, 1, 2, \cdots)$. 因此, 有 $w_n \to w^*$. 在方程 (2.20) 中, 令 $n \to \infty$, 结合 T_c 的连续性, 可得 $T_c w^* = w^*$.

由 $\|w^*\| \geqslant b > 0$ 及 w^* 在 $[0,1]$ 上是非负凹的, 断定 $w^*(t) > 0$, $t \in (0,1)$. 因此, w^* 是边值问题 (2.1) 和 (BCc) 单调上升的非负解.

令 $v_0(t) = bt$, $t \in [0,1]$, 则 $\|v_0\| = b$ 且 $v_0(t) \in P_c[b,a]$.

令 $v_1 = T_c v_0$, 则 $v_1 \in P_c[b,a]$.

记

$$
v_{n+1} = T_c v_n = T^{n+1} v_0, \quad n = 0, 1, 2, \cdots
$$

类似于 $\{w_n\}_{n=1}^{\infty}$ 的讨论, 可知 $\{v_n\}_{n=1}^{\infty}$ 有一个收敛子列 $\{v_{n_k}\}_{k=1}^{\infty}$, 并且存在 $v^* \in P_c[b,a]$, 使得 $v_{n_k} \to v^*$.

又 $v_1 \in P_c[b,a]$, 根据引理 2.1.6 得

$$
v_1(t) \geqslant t\|v_1\| \geqslant bt = v_0(t)
$$

完全类似于 $\{w_n\}_{n=1}^{\infty}$, 容易证明

$$
v_n(t) \leqslant v_{n+1}(t), \quad 0 \leqslant t \leqslant 1 \ (n = 0, 1, 2, \cdots)
$$

因此, $v_n \to v^*$, $T_c v^* = v^*$ 及 $v^*(t) > 0$, $t \in (0,1)$.

从而, v^* 是边值问题 (2.1) 和 (BCc) 单调上升的正解.

如果 $\lim\limits_{n\to\infty} w_n \neq \lim\limits_{n\to\infty} v_n$, 则 w^* 与 v^* 是边值问题 (2.1) 和 (BCc) 的两个凹的单调上升的正解. 而如果 $\lim\limits_{n\to\infty} w_n = \lim\limits_{n\to\infty} v_n$, 则 $w^* = v^*$ 是边值问题 (2.1) 和 (BCc) 的一个凹的单调上升的正解.

至此, 定理得证.

推论 2.1.3 假设条件 (H1)、(H2) 和 (H3b) 成立. 若存在常数 $\delta \in (0, 1)$ 使得

(5') f: $[0, +\infty) \to [0, +\infty)$ 单调上升;

(6') $\lim\limits_{l \to 0} \dfrac{f(l)}{l^{p-1}} > \left(\dfrac{B}{\delta}\right)^{p-1}$, $\quad \lim\limits_{l \to +\infty} \dfrac{f(l)}{l^{p-1}} < (aA)^{p-1}$,

其中 A, B 如定理 2.1.3 中定义. 则存在两个常数 $a > 0$ 和 $b > 0$, 使得边值问题 (2.1) 和 (BCc) 存在单调上升的正解 w^*, $v^* \in P_c$, 满足

$$b \leqslant \|w^*\| \leqslant a \ \text{和} \ \lim_{n \to +\infty} T_c^n w_0 = w^*, \ \text{其中} \ w_0(t) = a, \ t \in [0, 1]$$

$$b \leqslant \|v^*\| \leqslant a \ \text{和} \ \lim_{n \to +\infty} T_c^n v_0 = v^*, \ \text{其中} \ v_0(t) = bt, \ t \in [0, 1]$$

关于边值问题 (2.1) 和 (BCd), 有下面的结果.

定理 2.1.4 假设条件 (H1)、(H2) 和 (H3b) 成立. 若存在 $\delta \in (0, 1)$ 及两个正数 $b < a$, 使得

(7) f: $[0, a] \to [0, +\infty)$ 单调上升;

(8) $f((1-\delta)b) \geqslant (bB)^{p-1}$, $f(a) \leqslant (aA)^{p-1}$,

其中

$$B = \frac{1}{\displaystyle\int_0^\delta \phi_p^{-1}\left(\int_0^s q(\tau)\mathrm{d}\tau\right)\mathrm{d}s}, \quad A = \frac{1}{(m+1)\phi_p^{-1}\left(\displaystyle\int_0^1 q(r)\mathrm{d}r\right)}$$

则边值问题 (2.1) 和 (BCd) 存在单调下降的正解 w^*, $v^* \in P_b$, 满足

$$b \leqslant \|w^*\| \leqslant a \ \text{和} \ \lim_{n \to +\infty} T_d^n w_0 = w^*, \ \text{其中} \ w_0(t) = a$$

$$b \leqslant \|v^*\| \leqslant a \ \text{和} \ \lim_{n \to +\infty} T_d^n v_0 = v^*, \ \text{其中} \ v_0(t) = b(1-t)$$

$$T_d u(t) = B\left(\phi_p^{-1}\left(\int_0^1 q(s)f(u(s))\mathrm{d}s\right)\right)$$
$$+ \int_t^1 \phi_p^{-1}\left(\int_0^s q(\tau)f(u(\tau))\mathrm{d}\tau\right)\mathrm{d}s, \ t \in [0, 1]$$

证明：定理 2.1.4 的证明与定理 2.1.3 证明类似，故此省略.

推论 2.1.4 假设条件 (H1)、(H2) 和 (H3b) 成立. 如果

(7') $f\colon [0,\ +\infty) \to [0,\ +\infty)$ 单调上升；

(8') $\displaystyle\lim_{l\to 0}\frac{f(l)}{l^{p-1}} > \left(\frac{B}{1-\delta}\right)^{p-1}$ 和 $\displaystyle\lim_{l\to +\infty}\frac{f(l)}{l^{p-1}} < (aA)^{p-1}$,

其中 A, B 如定理 2.1.4 中定义，则存在两个常数 $a>0$ 和 $b>0$，使得边值问题 (2.1) 和 (BCd) 存在单调下降的正解 w^*, v^*，满足

$$b \leqslant \|w^*\| \leqslant a \ \ \text{和} \ \ \lim_{n\to +\infty} T_d^n w_0 = w^*,\ \text{其中}\ w_0(t) = a, \quad t\in[0,\ 1]$$

$$b \leqslant \|v^*\| \leqslant a \ \ \text{和} \ \ \lim_{n\to +\infty} T_d^n v_0 = v^*,\ \text{其中}\ v_0(t) = b(1-t),\ t\in[0,\ 1]$$

举例如下.

例 2.1.1 假设 $0 < n,\ m < 3$，考虑

$$(|u'|^2 u')'(t) + \frac{1}{t(1-t)}\left[(u(t))^m + \ln((u(t))^n + 1)\right] = 0,\ t\in(0,\ 1) \quad (2.23)$$

考虑下列四组边界条件下正解的存在性

$$u(0) - \frac{1}{3}u'(0) = 0, \quad u(1) + (u'(1))^3 = 0 \qquad (Ea)$$

$$u(0) - \frac{1}{3}u'(0) = 0, \quad u(1) + \frac{1}{3}u'(1) = 0 \qquad (Eb)$$

$$u(0) - \frac{1}{3}u'(0) = 0, \quad u'(1) = 0 \qquad (Ec)$$

$$u'(0) = 0, \quad u(1) + \frac{1}{3}u'(1) = 0 \qquad (Ed)$$

利用推论 2.1.1，推论 2.1.2，推论 2.1.3 和推论 2.1.4，不仅能断定微分方程 (2.23) 分别在边界条件 (Ea)，(Eb)，(Ec) 和 (Ed) 下正解的存在性，而且能给出函数列分别逼近相应的解.

2.2 具 p-Laplace 算子的二阶三点边值问题的伪对称迭代正解

本节讨论如下具 p-Laplace 算子的二阶三点边值问题

$$(\phi_p(u'(t)))' + h(t)f(t, u(t), u'(t)) = 0, \quad t \in (0, 1) \tag{2.24}$$

$$u(0) = 0, \qquad u(1) = u(\eta) \tag{2.25}$$

其中，$\phi_p(s) = |s|^{p-2}s$ 且 $p > 1$，$\eta \in (0, 1)$ 是常数，$\phi_p^{-1} = \phi_q$，$\dfrac{1}{p} + \dfrac{1}{q} = 1$.
这里，函数 u^* 称为边值问题 (2.24) 和 (2.25) 的正解，如果 u^* 满足边值问题且
$u^*(t) > 0$，$0 < t < 1$.

2.2.1 准备工作

首先给出与本节内容相关的定义.

定义 2.2.1 设 E 是 Banach 空间，一个函数 $u \in E$ 被称为在区间 $[0, 1]$ 上
是**对称的**，如果对于任意的 $t \in [0, 1]$，满足 $u(t) = u(1-t)$.

定义 2.2.2[42] 设 E 是 Banach 空间，对于 $\eta \in (0, 1)$，一个函数 $u \in E$ 被
称为在区间 $[0, 1]$ 上关于 η 是**伪对称 (pseudo-symmetric)** 的，如果 u 在区间
$[\eta, 1]$ 上是对称的，也就是说，$u(t) = u(1 - (t - \eta))$，对于任意的 $t \in [\eta, 1]$.

2.2.2 边值问题 (2.24) 和 (2.25) 的伪对称迭代正解

在本节中，我们总假设

(H_1)：$h(t)$ 是 $(0, 1)$ 上的非负连续泛函，且在 $[0, 1]$ 的任意子区间上满足
$h(t) \not\equiv 0$，另外，$h(t)$ 在区间 $[0, 1]$ 上关于 η 是伪对称的，$\displaystyle\int_0^1 h(t)\mathrm{d}t < +\infty$.

考虑 Banach 空间 $E = C^1[0, 1]$，定义其范数为

$$\|u\| := \max_{0 \leqslant t \leqslant 1} [u^2(t) + (u'(t))^2]^{\frac{1}{2}}$$

定义锥 $P \subset E$ 为

$P = \{u \in E \mid u(t) \geqslant 0,\ u$ 在 $[0, 1]$ 上是凹的，且在区间 $[0, 1]$ 上关于 η 是伪对称的$\}$

且记

$$\overline{P_a} = \{u \in P \mid \|u\| \leqslant a\}$$

定义泛函

$$A(u) = \max_{0 \leqslant t \leqslant 1} |u(t)|$$

$$B(u) = \max_{0 \leqslant t \leqslant 1} |u'(t)|$$

则

$$\|u\| \leqslant \sqrt{2} \max_{0 \leqslant t \leqslant 1} \{A(u),\ B(u)\}$$

方便起见，我们有如下记号，记

$$A_1 = \int_0^{(1+\eta)/2} \phi_p^{-1} \left(\int_s^{(1+\eta)/2} h(r)\mathrm{d}r \right) \mathrm{d}s$$

$$A_2 = \phi_p^{-1} \left(\int_0^{(1+\eta)/2} h(r)\mathrm{d}r \right)$$

且

$$A = \max\{\sqrt{2}A_1,\ \sqrt{2}A_2\} = \sqrt{2}A_2$$

本节的主要结果如下.

定理 2.2.1 假设条件 (H_1) 成立，并且存在常数 $a > 0$，使得

(H_2): $f(t, u, v)$: $[0, 1] \times [0, +\infty) \times R \to [0, +\infty)$ 是连续函数；

(H_3): $f(t, u_1, v_1) \leqslant f(t, u_2, v_2)$ 对任意的 $0 \leqslant t \leqslant 1$，$0 \leqslant u_1 \leqslant u_2 \leqslant a$，

$0 \leqslant |v_1| \leqslant |v_2| \leqslant a$；

(H_4): $\max\limits_{0 \leqslant t \leqslant 1} f(t, a, a) \leqslant \phi_p \left(\dfrac{a}{A} \right)$；

(H_5): 对于任意固定的 $u, v \in R$，$f(t, u, v)$ 在区间 $[0, 1]$ 上关于 η 是伪对称的；

(H_6): $f(t, 0, 0) \not\equiv 0$，$0 \leqslant t \leqslant 1$.

则边值问题 (2.24) 和 (2.25) 存在凹的伪对称正解 w^* 或者 v^*，满足

$$0 < w^* \leqslant \frac{\sqrt{2}}{2}a, \qquad 0 \leqslant |(w^*)'| \leqslant \frac{\sqrt{2}}{2}a,$$

且 $\quad \lim\limits_{n \to \infty} w_n = \lim\limits_{n \to \infty} T^n w_0 = w^*,$

$$\lim\limits_{n \to \infty} (w_n)' = \lim\limits_{n \to \infty} (T^n w_0)' = (w^*)',$$

其中 $\quad w_0(t) = \begin{cases} \dfrac{\sqrt{2}}{2}at, & 0 \leqslant t \leqslant \dfrac{1+\eta}{2}, \\[3mm] \dfrac{\sqrt{2}}{2}a(1 - (t - \eta)), & \dfrac{1+\eta}{2} \leqslant t \leqslant 1, \end{cases}$

和

$$0 < v^* \leqslant \frac{\sqrt{2}}{2}a, \qquad 0 \leqslant |(v^*)'| \leqslant \frac{\sqrt{2}}{2}a,$$

且 $\quad \lim\limits_{n \to \infty} v_n = \lim\limits_{n \to \infty} T^n v_0 = v^*,$

$$\lim\limits_{n \to \infty} (v_n)' = \lim\limits_{n \to \infty} (T^n v_0)' = (v^*)',$$

其中 $\quad v_0(t) = 0, \qquad 0 \leqslant t \leqslant 1,$

其中

$$
(Tu)(t) = \begin{cases}
\displaystyle\int_0^t \phi_p^{-1}\left(\int_s^{\frac{1+\eta}{2}} h(r)f(r,\, u(r),\, u'(r))\mathrm{d}r\right)\mathrm{d}s, & 0 \leqslant t \leqslant \dfrac{1+\eta}{2} \\[3mm]
\displaystyle\int_0^\eta \phi_p^{-1}\left(\int_s^{\frac{1+\eta}{2}} h(r)f(r,\, u(r),\, u'(r))\mathrm{d}r\right)\mathrm{d}s & \\[3mm]
\quad + \displaystyle\int_t^1 \phi_p^{-1}\left(\int_{\frac{1+\eta}{2}}^s h(r)f(r,\, u(r),\, u'(r))\mathrm{d}r\right)\mathrm{d}s, & \dfrac{1+\eta}{2} \leqslant t \leqslant 1
\end{cases}
$$

$$(2.26)$$

此定理中的迭代序列为 $w_1 = Tw_0$, $w_{n+1} = Tw_n = T^n w_0$, $n = 0,\, 1,\, 2,\, \cdots$ 和 $v_0 = 0$, $v_{n+1} = Tv_n = T^n v_0$, $n = 0,\, 1,\, \cdots$. 它们分别是从一个已知的线性函数和零函数开始迭代的.

证明: 定义算子 $T: P \to E$ 为边值条件 (2.26).

由算子 T 的定义, 我们可以断言对于任意的 $u \in P$, 可知 $Tu \in C^1[0,\, 1]$ 是非负的, 并且满足边值条件 (2.25).

另外, 由于

$$
(Tu)'(t) = \begin{cases}
\phi_p^{-1}\left(\displaystyle\int_t^{\frac{1+\eta}{2}} h(r)f(r,\, u(r),\, u'(r))\right)\mathrm{d}r, & 0 \leqslant t \leqslant \dfrac{1+\eta}{2} \\[3mm]
-\phi_p^{-1}\left(\displaystyle\int_{\frac{1+\eta}{2}}^t h(r)f(r,\, u(r),\, u'(r))\right)\mathrm{d}r, & \dfrac{1+\eta}{2} \leqslant t \leqslant 1
\end{cases}
$$

$$(2.27)$$

是连续的, 且在区间 $[0,\, 1]$ 是不增的, 而

$$(Tu)'\left(\frac{1+\eta}{2}\right) = 0$$

所以, 可知 $(Tu)\left(\dfrac{1+\eta}{2}\right)$ 是 Tu 在区间 $[0,\, 1]$ 上的最大值.

接下来, 我们将证明 Tu 在区间 $[0,\, 1]$ 上关于 η 是伪对称的.

事实上, 对于任意的 $t \in \left[\eta,\, \dfrac{1+\eta}{2}\right]$, 我们注意到 $1-(t-\eta) \in \left[\dfrac{1+\eta}{2},\, 1\right]$,

则

$$(Tu)(1-(t-\eta)) = \int_0^\eta \phi_p^{-1}\left(\int_s^{\frac{1+\eta}{2}} h(r)f(r,\ u(r),\ u'(r))\mathrm{d}r\right)\mathrm{d}s$$

$$+ \int_{1-(t-\eta)}^1 \phi_p^{-1}\left(\int_{\frac{1+\eta}{2}}^s h(r)f(r,\ u(r),\ u'(r))\mathrm{d}r\right)\mathrm{d}s$$

$$= \int_0^\eta \phi_p^{-1}\left(\int_s^{\frac{1+\eta}{2}} h(r)f(r,\ u(r),\ u'(r))\mathrm{d}r\right)\mathrm{d}s$$

$$+ \int_\eta^t \phi_p^{-1}\left(\int_s^{\frac{1+\eta}{2}} h(r)f(r,\ u(r),\ u'(r))\mathrm{d}r\right)\mathrm{d}s$$

$$= \int_0^t \phi_p^{-1}\left(\int_s^{\frac{1+\eta}{2}} h(r)f(r,\ u(r),\ u'(r))\mathrm{d}r\right)\mathrm{d}s = Tu(t)$$

另外，对于任意的 $t \in \left[\dfrac{1+\eta}{2},\ 1\right]$，有 $1-(t-\eta) \in \left[\eta,\ \dfrac{1+\eta}{2}\right]$，则

$$(Tu)(1-(t-\eta)) = \int_0^{1-(t-\eta)} \phi_p^{-1}\left(\int_s^{\frac{1+\eta}{2}} h(r)f(r,\ u(r),\ u'(r))\mathrm{d}r\right)\mathrm{d}s$$

$$= \int_0^\eta \phi_p^{-1}\left(\int_s^{\frac{1+\eta}{2}} h(r)f(r,\ u(r),\ u'(r))\mathrm{d}r\right)\mathrm{d}s$$

$$+ \int_\eta^{1-(t-\eta)} \phi_p^{-1}\left(\int_{\frac{1+\eta}{2}}^{1-(s-\eta)} h(r)f(r,\ u(r),\ u'(r))\mathrm{d}r\right)\mathrm{d}s$$

$$= \int_0^\eta \phi_p^{-1}\left(\int_s^{\frac{1+\eta}{2}} h(r)f(r,\ u(r),\ u'(r))\mathrm{d}r\right)\mathrm{d}s$$

$$- \int_t^1 \phi_p^{-1}\left(\int_{1-(s-\eta)}^{\frac{1+\eta}{2}} h(r)f(r,\ u(r),\ u'(r))\mathrm{d}r\right)\mathrm{d}s$$

$$= \int_0^\eta \phi_p^{-1}\left(\int_s^{\frac{1+\eta}{2}} h(r)f(r,\ u(r),\ u'(r))\mathrm{d}r\right)\mathrm{d}s$$

$$+ \int_t^1 \phi_p^{-1}\left(\int_{\frac{1+\eta}{2}}^{1-(s-\eta)} h(r)f(r,\ u(r),\ u'(r))\mathrm{d}r\right)\mathrm{d}s$$

$$= (Tu)(t)$$

因此，可知 Tu 在区间 $[0, 1]$ 上关于 η 是伪对称的. 所以，由锥 P 的定义可知，$T: P \to P$.

下证 $T: P \to P$ 是全连续算子.

由 f 的连续性易得 T 的连续性，故需证明 T 的紧性.

令 $\Omega \subset P$ 是一有界集，则存在 $R > 0$，使得

$$\Omega \subset \{u \in K | \|u\| \leqslant R\}$$

对于任意的 $u \in \Omega$，我们有

$$0 \leqslant \int_0^1 f(s, u(s), u'(s))ds \leqslant \max_{s \in [0, 1], u \in [0, R], v \in [-R, 0]} f(s, u, v) =: K$$

则

$$|Tu| \leqslant \phi_p^{-1}(K)\lambda_1$$

$$|(Tu)'| \leqslant \phi_p^{-1}(K)\lambda_2$$

由此可知，$T\Omega$ 一致有界且等度连续，故 T 在 $C^1[0, 1]$ 中紧.

又由边值条件 (2.27) 可知，对 $\forall \varepsilon > 0$，$\exists \delta > 0$，且 t_1，$t_2 \in [0, 1]$，$t_2 > t_1$，当 $|t_2 - t_1| < \delta$ 时，有

$$|\phi_p(Tu)'(t_1) - \phi_p(Tu)'(t_2)| = \int_{t_1}^{t_2} q(r)f(r, u(r), u'(r))dr < \varepsilon$$

这就意味着，$\phi_p(T\Omega)'$ 一致有界且等度连续.

因此，$\phi_p(T')$ 在 $C^1[0, 1]$ 中紧，即 T' 在 $C^1[0, 1]$ 中紧，则由 Arzela-Ascoli 定理可知，T 在 $C^1[0, 1]$ 中相对紧，从而 T 是紧的，也就得到了 T 的全连续性.

由于 $T: P \to P$ 是全连续算子，则 T 在 P 中的每一个不动点也是边值问题 (2.24) 和 (2.25) 的解.

由条件 (H_3) 很容易得到，对于算子 T，有

$$Tu_1 \leqslant Tu_2, \text{当} u_1 \leqslant u_2, \ |u_1'| \leqslant |u_2'|$$

接下来，证明 $T: \overline{P_a} \to \overline{P_a}$.

对于 $u \in \overline{P_a}$，可得 $\|u\| \leqslant a$，则

$$0 \leqslant u(t) \leqslant \max_{0 \leqslant t \leqslant 1} |u(t)| \leqslant \|u\| \leqslant a$$

$$0 \leqslant |u'(t)| \leqslant \max_{0 \leqslant t \leqslant 1} |u'(t)| \leqslant \|u\| \leqslant a$$

由条件 (H_2)—(H_4)，可得

$$0 \leqslant f(t,\, u(t),\, u'(t)) \leqslant f(t,\, a,\, a) \leqslant \max_{0 \leqslant t \leqslant 1} f(t,\, a,\, a) \leqslant \phi_p\left(\frac{a}{A}\right), \quad \text{对} \ \forall\, 0 \leqslant t \leqslant 1$$

事实上，

$$\|Tu\| = \max_{0 \leqslant t \leqslant 1} \, [(Tu)^2 + ((Tu)')^2]^{\frac{1}{2}}$$

$$\leqslant \sqrt{2} \max_{0 \leqslant t \leqslant 1} \{A(Tu),\, B(Tu)\}$$

$$= \sqrt{2} \max\left\{(Tu)\left(\frac{1+\eta}{2}\right),\, B(Tu)\right\}$$

由条件 (H_3) 和 (2.26)，得

$$(Tu)\left(\frac{1+\eta}{2}\right) = \int_0^{\frac{1+\eta}{2}} \phi_p^{-1}\left(\int_s^{\frac{1+\eta}{2}} h(r)f(r,\, u(r),\, u'(r))\mathrm{d}r\right) \mathrm{d}s$$

$$\leqslant \int_0^{\frac{1+\eta}{2}} \phi_p^{-1}\left(\int_s^{\frac{1+\eta}{2}} h(r)\mathrm{d}r\phi_p\left(\frac{a}{A}\right)\right) \mathrm{d}s$$

$$= \frac{a}{A}A_1 \leqslant \frac{\sqrt{2}}{2}a$$

和

$$B(Tu)$$

$$= \max_{0 \leqslant t \leqslant 1} |(Tu)'(t)|$$

$$= \max\{(Tu)'(0),\, -(Tu)'(1)\}$$

$$= \max \left\{ \phi_p^{-1} \left(\int_0^{\frac{1+\eta}{2}} h(r) f(r, \, u(r), \, u'(r)) \mathrm{d}r \right), \right.$$

$$\left. \phi_p^{-1} \left(\int_{\frac{1+\eta}{2}}^1 h(r) f(r, \, u(r), \, u'(r)) \mathrm{d}r \right) \right\}$$

$$\leqslant \max \left\{ \phi_p^{-1} \left(\int_0^{\frac{1+\eta}{2}} h(r) \mathrm{d}r \phi_p \left(\frac{a}{A} \right) \right), \ \ \phi_p^{-1} \left(\int_{\frac{1+\eta}{2}}^1 h(r) \mathrm{d}r \phi_p \left(\frac{a}{A} \right) \right) \right\}$$

$$= \frac{a}{A} A_2$$

$$\leqslant \frac{\sqrt{2}}{2} a$$

所以, 我们得到

$$\|Tu\| \leqslant a$$

由此可知, $T: \overline{P_a} \to \overline{P_a}$.

令

$$w_0(t) = \begin{cases} \dfrac{\sqrt{2}}{2} at, & 0 \leqslant t \leqslant \dfrac{1+\eta}{2} \\[3mm] \dfrac{\sqrt{2}}{2} a(1 - (t - \eta)), & \dfrac{1+\eta}{2} \leqslant t \leqslant 1 \end{cases}$$

则令

$$w_1 = Tw_0, \ w_2 = Tw_1 = T^2 w_0$$

那么, $w_1 \in \overline{P_a}$, $w_2 \in \overline{P_a}$.

我们记

$$w_{n+1} = Tw_n = T^n w_0, \ n = 0, \, 1, \, 2, \, \cdots \tag{2.28}$$

由于

$$T: \overline{P_a} \to \overline{P_a}$$

所以可知

$$w_n \in T\overline{P_a} \subseteq \overline{P_a}, \ n = 1, \, 2, \, \cdots$$

由于 T 是紧的，于是我们断言 $\{w_n\}_{n=1}^{\infty}$ 有一个收敛子列 $\{w_{n_k}\}_{k=1}^{\infty}$ 和 $w^* \in \overline{P_a}$，使得 $w_{n_k} \to w^*$.

由于 $w_1 = Tw_0 \in \overline{P_a}$，且由条件 (H_4)，可得

$$
\begin{aligned}
&w_1(t) \\
&= Tw_0(t) \\
&= \begin{cases}
T\left(\dfrac{\sqrt{2}}{2}at\right)(t), & 0 \leqslant t \leqslant \dfrac{1+\eta}{2}, \\[2mm]
T\left(\dfrac{\sqrt{2}}{2}a(1-(t-\eta))\right)(t), & \dfrac{1+\eta}{2} \leqslant t \leqslant 1,
\end{cases} \\
&\leqslant \begin{cases}
\dfrac{\sqrt{2}}{2}at, & 0 \leqslant t \leqslant \dfrac{1+\eta}{2}, \\[2mm]
\dfrac{\sqrt{2}}{2}a(1-(t-\eta)), & \dfrac{1+\eta}{2} \leqslant t \leqslant 1
\end{cases} \\
&= w_0(t), \quad 0 \leqslant t \leqslant 1
\end{aligned}
$$

及

$$
\begin{aligned}
&|w_1'(t)| \\
&= |(Tw_0)'(t)| \\
&\leqslant \max\left\{\left(T\left(\dfrac{\sqrt{2}}{2}at\right)\right)'(0),\ -\left(T\left(\dfrac{\sqrt{2}}{2}a(1-(t-\eta))\right)\right)'(1)\right\} \\
&\leqslant \dfrac{\sqrt{2}}{2}a \\
&= |w_0'(t)|, \quad 0 \leqslant t \leqslant 1
\end{aligned}
$$

所以

$$
w_2(t) = Tw_1(t) \leqslant Tw_0(t) = w_1(t), \quad 0 \leqslant t \leqslant 1
$$

$$
|w_2'(t)| = |(Tw_1)'(t)| \leqslant |(Tw_0)'(t)| = |w_1'(t)|, \quad 0 \leqslant t \leqslant 1
$$

则以此类推, 得

$$w_{n+1}(t) \leqslant w_n(t), \quad |w'_{n+1}(t)| \leqslant |w'_n(t)|, \quad 0 \leqslant t \leqslant 1, \quad n = 0, 1, 2, \cdots$$

因此, 得 $w_n \to w^*$.

在式 (2.28) 中, 取 $n \to \infty$, 利用算子 T 的连续性得, $Tw^* = w^*$.

令 $v_0(t) = 0$, $0 \leqslant t \leqslant 1$, 则 $v_0(t) \in \overline{P_a}$.

令 $v_1 = Tv_0$, $v_2 = Tv_1 = T^2v_0$, 则 $v_1 \in \overline{P_a}$, $v_2 \in \overline{P_a}$.

我们记

$$v_{n+1} = Tv_n = T^nv_0, \quad n = 0, 1, 2, \cdots \tag{2.29}$$

由于 $T: \overline{P_a} \to \overline{P_a}$, 所以可知, $v_n \in T\overline{P_a} \subseteq \overline{P_a}$, $n = 0, 1, 2, \cdots$.

由于 T 是紧的, 于是我们断言 $\{v_n\}_{n=1}^\infty$ 有一个收敛子列 $\{v_{n_k}\}_{k=1}^\infty$ 和 $v^* \in \overline{P_a}$ 使得 $v_{n_k} \to v^*$.

由于 $v_1 = Tv_0 \in \overline{P_a}$, 则

$$v_1(t) = Tv_0(t) = (T0)(t) \geqslant 0, \quad 0 \leqslant t \leqslant 1$$

$$|v'_1(t)| = |(Tv_0)'(t)| = |(T0)'(t)| \geqslant 0, \quad 0 \leqslant t \leqslant 1$$

于是

$$v_2(t) = Tv_1(t) \geqslant (T0)(t) = v_1(t), \quad 0 \leqslant t \leqslant 1$$

$$|v'_2(t)| = |(Tv_1)'(t)| \geqslant |(T0)'(t)| = |v'_1(t)|, \quad 0 \leqslant t \leqslant 1$$

则同理于前面的讨论, 以此类推得

$$v_{n+1}(t) \geqslant v_n(t), \quad 0 \leqslant t \leqslant 1, \quad n = 0, 1, 2, \cdots$$

$$|v'_{n+1}(t)| \geqslant |v'_n(t)|, \quad 0 \leqslant t \leqslant 1, \quad n = 0, 1, 2, \cdots$$

因此, 得 $v_n \to v^*$.

在式 (2.29) 中, 取 $n \to \infty$, 利用算子 T 的连续性得 $Tv^* = v^*$.

条件 (H_6) 表明 $f(t, 0, 0) \not\equiv 0$, $0 \leqslant t \leqslant 1$, 则零解不是边值问题 (2.24) 和 (2.25) 的解. 因此, $\max\limits_{0 \leqslant t \leqslant 1} |v^*(t)| > 0$, 则

$$v^* \geqslant \min\{t, 1-t\} \max_{0 \leqslant t \leqslant 1} |v^*(t)| > 0, \quad 0 < t < 1$$

由于算子 T 在 P 中的每一个不动点是边值问题 (2.24) 和 (2.25) 的解. 因此, 我们断言边值问题 (2.24) 和 (2.25) 有凹的伪对称正解 w^* 和 v^*.

如果 $\lim\limits_{n \to \infty} w_n \neq \lim\limits_{n \to \infty} v_n$, 则 w^* 与 v^* 是边值问题 (2.24) 和 (2.25) 的两个凹的伪对称正解. 而如果 $\lim\limits_{n \to \infty} w_n = \lim\limits_{n \to \infty} v_n$, 则 $w^* = v^*$ 是边值问题 (2.24) 和 (2.25) 的一个凹的伪对称正解.

至此, 定理得证.

推论 2.2.1 设条件 (H_1)—(H_3)、条件 (H_5) 和 (H_6) 成立, 并且存在常数 $a > 0$, 使得

$$(H_7): \quad \lim_{\ell \to +\infty} \max_{0 \leqslant t \leqslant 1} \frac{f(t, \ell, a)}{\ell^{p-1}} \leqslant \frac{1}{\lambda^{p-1}}$$

$$\left(\text{特别地, } \lim_{\ell \to +\infty} \max_{0 \leqslant t \leqslant 1} \frac{f(t, \ell, a)}{\ell^{p-1}} = 0\right)$$

则定理 2.2.1中的结论仍然成立（这时取 $0 < a \ll 1$）.

2.2.3 举例

下面的例子是本节中主要定理的直观应用.

例 2.2.1 令式 (2.24) 中 $p = 2$, $h(t) = 1$, 式 (2.25) 中 $\eta = \dfrac{1}{2}$, 考虑如下边值问题的迭代伪对称正解

$$\begin{cases} u''(t) + f(t, u(t), u'(t)) = 0, & 0 < t < 1 \\ u(0) = 0, & u(1) = u\left(\dfrac{1}{2}\right) \end{cases} \tag{2.30}$$

其中

$$f(t, u, v) = -\frac{16}{3}t^2 + 8t + \frac{\sqrt{2}}{4}u + \frac{1}{36}v^2$$

47

解 选取 $a = 6\sqrt{2}$，则通过计算容易得到 $A = \dfrac{3\sqrt{2}}{4}$.

易验证条件 (H_1) 成立，进一步易知 $f(t, u, v)$ 满足下列条件：

(1) $f(t, u, v)$: $[0, 1] \times [0, +\infty) \times R \to [0, +\infty)$是连续函数；

(2) $f(t, u_1, v_1) \leqslant f(t, u_2, v_2)$,

  对于任意的 $0 \leqslant t \leqslant 1$，$0 \leqslant u_1 \leqslant u_2 \leqslant 6\sqrt{2}$，$0 \leqslant |v_1| \leqslant |v_2| \leqslant 6\sqrt{2}$；

(3) $\max\limits_{0 \leqslant t \leqslant 1} f(t, a, a) = f(3/4, 6\sqrt{2}, 6\sqrt{2}) = 8 = \phi_2\left(\dfrac{a}{A}\right)$；

(4) 对于任意固定的 $u, v \in R$，$f(t, u, v)$在区间$[0, 1]$上关于η是伪对称的；

(5) $f(t, 0, 0) \not\equiv 0$，$0 \leqslant t \leqslant 1$.

则由定理 2.2.1可知，边值问题 (2.30) 存在凹的伪对称正解 w^* 或者 v^*，使得

$$0 < w^* \leqslant 6, \qquad 0 \leqslant |(w^*)'| \leqslant 6$$

且
$$\lim_{n \to \infty} w_n = \lim_{n \to \infty} T^n w_0 = w^*$$

$$\lim_{n \to \infty} (w_n)' = \lim_{n \to \infty} (T^n w_0)' = (w^*)'$$

$$\text{其中} \quad w_0(t) = \begin{cases} 6t, & 0 \leqslant t \leqslant \dfrac{3}{4} \\ 9 - 6t, & \dfrac{3}{4} \leqslant t \leqslant 1 \end{cases}$$

及

$$0 < v^* \leqslant 6, \qquad 0 \leqslant |(v^*)'| \leqslant 6$$

且
$$\lim_{n \to \infty} v_n = \lim_{n \to \infty} T^n v_0 = v^*$$

$$\lim_{n \to \infty} (v_n)' = \lim_{n \to \infty} (T^n v_0)' = (v^*)'$$

$$\text{其中} \quad v_0(t) = 0, \qquad 0 \leqslant t \leqslant 1$$

其中 $(Tu)(t)$ 如边值条件 (2.26) 定义. 且对于 $n = 0, 1, 2, \cdots$

$$w_{n+1}(t)=\begin{cases}\displaystyle\int_0^t\phi_2^{-1}\left[\int_s^{\frac34}\left(-\frac{16}{3}t^2+8t+\frac{\sqrt2}{4}w_n+\frac{1}{36}w_n'^2\right)\mathrm dr\right]\mathrm ds, & 0\leqslant t\leqslant\frac34,\\[4mm]\displaystyle\int_0^{\frac12}\phi_2^{-1}\left[\int_s^{\frac34}\left(-\frac{16}{3}t^2+8t+\frac{\sqrt2}{4}w_n+\frac{1}{36}w_n'^2\right)\mathrm dr\right]\mathrm ds\\[4mm]\qquad+\displaystyle\int_t^1\phi_2^{-1}\left[\int_{\frac34}^s\left(-\frac{16}{3}t^2+8t+v\frac{\sqrt2}{4}w_n+\frac{1}{36}w_n'^2\right)\mathrm dr\right]\mathrm ds, & \frac34\leqslant t\leqslant1,\end{cases}$$

$$v_{n+1}(t)=\begin{cases}\displaystyle\int_0^t\phi_2^{-1}\left[\int_s^{\frac34}\left(-\frac{16}{3}t^2+8t+\frac{\sqrt2}{4}v_n+\frac{1}{36}v_n'^2\right)\mathrm dr\right]\mathrm ds, & 0\leqslant t\leqslant\frac34,\\[4mm]\displaystyle\int_0^{\frac12}\phi_2^{-1}\left[\int_s^{\frac34}\left(-\frac{16}{3}t^2+8t+\frac{\sqrt2}{4}v_n+\frac{1}{36}v_n'^2\right)\mathrm dr\right]\mathrm ds\\[4mm]\qquad+\displaystyle\int_t^1\phi_2^{-1}\left[\int_{\frac34}^s\left(-\frac{16}{3}t^2+8t+\frac{\sqrt2}{4}v_n+\frac{1}{36}v_n'^2\right)\mathrm dr\right]\mathrm ds, & \frac34\leqslant t\leqslant1\end{cases}$$

通过计算，以下列出这两个迭代序列的前三项

$$w_0(t)=\begin{cases}6t, & 0\leqslant t\leqslant\dfrac34\\[3mm]9-6t, & \dfrac34\leqslant t\leqslant1\end{cases}$$

$$w_1(t)=\frac49t^4-\frac{16+3\sqrt2}{12}t^3-\frac{1}{12}t^2+\frac{2777}{1250}t$$

$$w_2(t)=-\frac{8}{5103}t^8+\frac{3001308610880831}{252201579132747776}t^7-\left(\frac{5007540172208527}{216172782113783808}+\frac{\sqrt2}{270}\right)t^6$$
$$\qquad-\left(\frac{2398394219882409}{180143985094819840}-\frac{\sqrt2}{60}\right)t^5+\left(\frac{321943943905447093}{648518346341351424}+\frac{\sqrt2}{576}\right)t^4$$
$$\qquad-\frac{4492019538328637}{3377699720527872}t^3-\frac{4939454556555697}{72057594037927936}t^2+\frac{17273}{10000}t$$

及

$$v_0(t)=0$$

$$v_1(t) = \frac{4}{9}t^4 - \frac{4}{3}t^3 + \frac{3}{2}t$$

$$v_2(t) = -\frac{1}{567}t^8 + \frac{2}{189}t^7 - \left(\frac{1}{60} + \frac{\sqrt{2}}{270}\right)t^6 - \left(\frac{1}{120} - \frac{\sqrt{2}}{60}\right)t^5$$

$$+ \frac{137}{288}t^4 - \left(\frac{4}{3} + \frac{\sqrt{2}}{16}\right)t^3 - \frac{9}{256}t^2 + \frac{16449}{10000}t$$

在坐标图上表示出其分布如图 2-1 所示，从中不难看出迭代序列的迭代趋势.

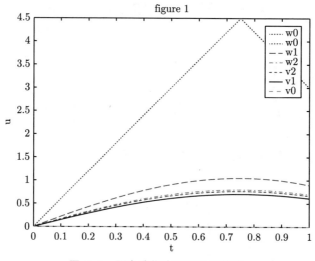

图 2-1　两个迭代序列的迭代趋势

2.3　具 p-Laplace 算子的二阶 Sturm-Liouville 型边值问题的迭代正解

本节讨论如下具 p-Laplace 算子的二阶 Sturm-Liouville 型边值问题

$$(\phi_p(u'(t)))' + q(t)f(t,\, u(t),\, u'(t)) = 0, \quad t \in (0,\, 1) \qquad (2.31)$$

$$u(0) - \alpha u'(\xi) = 0, \quad u(1) + \beta u'(\eta) = 0 \qquad (2.32)$$

其中，$\phi_p(s) = |s|^{p-2}s$ 且 $p > 1$ 为 p-Laplace 算子.

f，q，α，β，ξ，η 满足：

（H_1）：$\alpha \geqslant 0$，$\beta \geqslant 0$，$0 < \xi < \eta < 1$；

（H_2）：$f(t, x, y) \in C([0, 1] \times [0, +\infty) \times R \to [0, +\infty))$，$q(t)$ 是 $(0, 1)$ 上的非负连续泛函，且在 $[0, 1]$ 的任意子区间上满足 $q(t) \not\equiv 0$，另外，$\int_0^1 q(t)\mathrm{d}t < +\infty$.

这里，函数 u^* 称为边值问题 (2.31) 和 (2.32) 的正解，如果 u^* 满足边值问题且 $u^*(t) > 0$，$0 < t < 1$.

值得一提的是，之所以称边值问题 (2.31) 和 (2.32) 为 Sturm-Liouville 型边值问题，是因为当边值条件 (2.32) 中，$\xi = 0$，$\eta = 1$ 时，即是经典的 Sturm-Liouville 边界条件，很显然本节讨论的边界条件更为广泛.

2.3.1 边值问题 (2.31) 和 (2.32) 的迭代正解

考虑 Banach 空间 $E = C^1[0, 1]$，定义其范数为

$$\|u\| := \max \left\{ \max_{0 \leqslant t \leqslant 1} |u(t)|, \ \max_{0 \leqslant t \leqslant 1} |u'(t)| \right\}$$

定义锥 $P \subset E$ 为

$$P = \{u \in E \mid u(t) \geqslant 0, \ u \text{ 在 } [0, 1] \text{ 上是凹的},$$

$$\text{且在区间 } [0, \xi] \text{ 上单调不减，} [\eta, 1] \text{ 单调不增}\}$$

方便起见，记

$$\lambda_0 = \left(\min \left\{ \frac{\beta(\eta-\xi)^{\frac{1}{p-1}} + \dfrac{p-1}{p}(\eta-\xi)^{\frac{p}{p-1}}}{\dfrac{p-1}{p}\xi^{\frac{p}{p-1}}}, \ \frac{\alpha(\eta-\xi)^{\frac{1}{p-1}} + \dfrac{p-1}{p}(\eta-\xi)^{\frac{p}{p-1}}}{\dfrac{p-1}{p}(1-\eta)^{\frac{p}{p-1}}} \right\} \right)^{p-1}$$

$$\lambda_1 = \frac{\lambda_0 \min_{\xi \leqslant t \leqslant \eta} q(t)}{\max_{0 \leqslant t \leqslant \xi \cup \eta \leqslant t \leqslant 1} q(t)}$$

$$\lambda_2 = \max\{\alpha + 1, \ \beta + 2\} \left(\max_{0 \leqslant t \leqslant 1} q(t) \right)^{\frac{1}{p-1}}$$

本节的主要结果如下.

定理 2.3.1 假设条件 (H_1) 和 (H_2) 成立, 并且存在常数 $a > 0$, 使得

(H_3): $f(t, x_1, y_1) \leqslant f(t, x_2, y_2)$ 对任意的 $0 \leqslant t \leqslant 1$, $0 \leqslant x_1 \leqslant x_2 \leqslant a$, $0 \leqslant |y_1| \leqslant |y_2| \leqslant a$;

(H_4): $\displaystyle\max_{0 \leqslant t \leqslant \xi \cup \eta \leqslant t \leqslant 1} f(t, a, a) \leqslant \lambda_1 \min_{\xi \leqslant t \leqslant \eta} f(t, 0, 0)$,

$$\max_{0 \leqslant t \leqslant 1} f(t, a, a) \leqslant \left(\frac{a}{\lambda_2}\right)^{p-1};$$

(H_5): $f(t, 0, 0) \not\equiv 0$, $0 \leqslant t \leqslant 1$.

则边值问题 (2.31) 和 (2.32) 存在区间 $[0, \xi]$ 上单调不减, $[\eta, 1]$ 单调不增的凹正解 w^* 或者 v^*, 满足

$$0 < w^* \leqslant a, \qquad 0 < |(w^*)'| \leqslant a$$

且
$$\lim_{n \to \infty} w_n = \lim_{n \to \infty} T^n w_0 = w^*$$

$$\lim_{n \to \infty} (w_n)' = \lim_{n \to \infty} (T^n w_0)' = (w^*)'$$

其中

$$w_0(t) = \begin{cases} \dfrac{a(\alpha + t)}{\max\{\alpha + 1, \ \beta + 2\}}, & \beta - \alpha \leqslant -1, \ 0 \leqslant t \leqslant 1 \\[4mm] \dfrac{a(\beta + 1 + t)}{\max\{\alpha + 1, \ \beta + 2\}}, & -1 \leqslant \beta - \alpha \leqslant 1, \ 0 \leqslant t \leqslant 1 \\[4mm] \dfrac{a(\beta + 1 - t)}{\max\{\alpha + 1, \ \beta + 2\}}, & \beta - \alpha \geqslant 1, \ 0 \leqslant t \leqslant 1 \end{cases}$$

和

$$0 < v^* \leqslant a, \qquad 0 < |(v^*)'| \leqslant a$$

且
$$\lim_{n \to \infty} v_n = \lim_{n \to \infty} T^n v_0 = v^*$$

$$\lim_{n \to \infty} (v_n)' = \lim_{n \to \infty} (T^n v_0)' = (v^*)'$$

其中 $\quad v_0(t) = 0$, $\qquad 0 \leqslant t \leqslant 1$

其中

$$
(Tu)(t) = \begin{cases}
\alpha\phi_p^{-1}\left(\displaystyle\int_\xi^\sigma q(r)f(r,\,u(r),\,u'(r))\mathrm{d}r\right) \\
\qquad + \displaystyle\int_0^t \phi_p^{-1}\left(\int_s^\sigma q(r)f(r,\,u(r),\,u'(r))\mathrm{d}r\right)\mathrm{d}s,\ \ 0 \leqslant t \leqslant \sigma \\[4pt]
\beta\phi_p^{-1}\left(\displaystyle\int_\sigma^\eta q(r)f(r,\,u(r),\,u'(r))\mathrm{d}r\right) \\
\qquad + \displaystyle\int_t^1 \phi_p^{-1}\left(\int_\sigma^s q(r)f(r,\,u(r),\,u'(r))\mathrm{d}r\right)\mathrm{d}s,\ \ \sigma \leqslant t \leqslant 1
\end{cases}
\tag{2.33}
$$

而 $\sigma_u \in [0,\,1]$ 是以下方程的唯一解

$$
\alpha\phi_p^{-1}\left(\int_\xi^\sigma q(r)f(r,\,u(r),\,u'(r))\mathrm{d}r\right) + \int_0^t \phi_p^{-1}\left(\int_s^t q(r)f(r,\,u(r),\,u'(r))\mathrm{d}r\right)\mathrm{d}s
$$
$$
= \beta\phi_p^{-1}\left(\int_\sigma^\eta q(r)f(r,\,u(r),\,u'(r))\mathrm{d}r\right) + \int_t^1 \phi_p^{-1}\left(\int_t^s q(r)f(r,\,u(r),\,u'(r))\mathrm{d}r\right)\mathrm{d}s
$$

此定理中的迭代序列为 $w_1(t)=Tw_0, w_{n+1}=Tw_n=T^n w_0,\ n=0,\,1,\,2,\,\cdots$ 和 $v_0(t)=0,\ v_{n+1}=Tv_n=T^n v_0,\ n=0,\,1,\,2,\,\cdots$. 它们分别是从一个已知的线性函数和零函数开始迭代的.

证明：证明过程分为以下几个步骤.

第 1 步：定义算子 $T\colon P \to E$ 为边值条件 (2.33).

先来证明 $T\colon P \to P$ 是全连续算子.

由算子 T 的定义，我们可以断言，对于任意的 $u \in P$，可知 $Tu \in C^1[0,\,1]$ 是非负的，并且满足边值条件 (2.32).

另外，由于

$$
(Tu)'(t) = \begin{cases}
\phi_p^{-1}\left(\displaystyle\int_t^\sigma q(r)f(r,\,u(r),\,u'(r))\mathrm{d}r\right), & 0 \leqslant t \leqslant \sigma \\[6pt]
-\phi_p^{-1}\left(\displaystyle\int_\sigma^t q(r)f(r,\,u(r),\,u'(r))\mathrm{d}r\right), & \sigma \leqslant t \leqslant 1
\end{cases}
\tag{2.34}
$$

可以得到 $(Tu)'(t)$ 是连续的, 且在区间 $[0, 1]$ 不增, 也即 $(Tu)(t)$ 在 $[0, 1]$ 上是凹函数 [很明显 $\sigma \in (0, 1)$].

根据边值条件 (2.34), 由于

$$(Tu)'(\sigma) = 0$$

易知 $(Tu)(\sigma)$ 是 Tu 在区间 $[0, 1]$ 上的最大值.

对于任意的 $u \in P$, 令 $u \in \Omega \subset P$, 其中 Ω 为一有界集, 则存在常数 $a > 0$, 使得

$$\Omega \subset \{x \in P \mid \|x\| \leqslant a\}$$

因此, 如果想要证明 $T: P \to P$, 则需证明 $Tu(t)$ 在区间 $[0, \xi]$ 上是单调不减的, 而在区间 $[\eta, 1]$ 上是单调不增的, 同时 $Tu(t)$ 在区间 $[0, 1]$ 上非负.

下面先来讨论 σ 的位置.

如果 $0 < \sigma < \xi$, 根据条件 (H_3) 和 (H_4) 可知

$$
\begin{aligned}
&(Tu)(\sigma) \\
&= \alpha \phi_p^{-1} \left(\int_\xi^\sigma q(r)f(r, u(r), u'(r))\mathrm{d}r \right) \\
&\quad + \int_0^\sigma \phi_p^{-1} \left(\int_s^\sigma q(r)f(r, u(r), u'(r))\mathrm{d}r \right) \mathrm{d}s \\
&< \int_0^\xi \phi_p^{-1} \left(\int_s^\xi q(r)f(r, u(r), u'(r))\mathrm{d}r \right) \mathrm{d}s \\
&\leqslant \frac{p-1}{p} \xi^{\frac{p}{p-1}} \, \phi_p^{-1} \left(\max_{0 \leqslant t \leqslant \xi} (q(t)f(t, a, a)) \right)
\end{aligned}
$$

另外

$$
\begin{aligned}
&(Tu)(\sigma) \\
&= \beta \phi_p^{-1} \left(\int_\sigma^\eta q(r)f(r, u(r), u'(r))\mathrm{d}r \right) \\
&\quad + \int_\sigma^1 \phi_p^{-1} \left(\int_\sigma^s q(r)f(r, u(r), u'(r))\mathrm{d}r \right) \mathrm{d}s
\end{aligned}
$$

$$> \left(\beta(\eta-\xi)^{\frac{1}{p-1}} + \frac{p-1}{p}(\eta-\xi)^{\frac{p}{p-1}} \right) \phi_p^{-1} \left(\min_{\xi \leqslant t \leqslant \eta} (q(t)f(t,\,0,\,0)) \right)$$

出现矛盾结果. 因此 $0 < \sigma < \xi$ 是不可能的.

如果 $\eta < \sigma < 1$, 类似地分析可得

$$(Tu)(\sigma)$$

$$= \beta\phi_p^{-1} \left(\int_\sigma^\eta q(r)f(r,\,u(r),\,u'(r))\mathrm{d}r \right)$$

$$+ \int_\sigma^1 \phi_p^{-1} \left(\int_\sigma^s q(r)f(r,\,u(r),\,u'(r))\mathrm{d}r \right) \mathrm{d}s$$

$$< \int_\eta^1 \phi_p^{-1} \left(\int_\eta^s q(r)f(r,\,u(r),\,u'(r))\mathrm{d}r \right) \mathrm{d}s$$

$$\leqslant \frac{p-1}{p}(1-\eta)^{\frac{p}{p-1}} \phi_p^{-1} \left(\max_{\eta \leqslant t \leqslant 1} (q(t)f(t,\,a,\,a)) \right)$$

另外

$$(Tu)(\sigma) = \alpha\phi_p^{-1} \left(\int_\xi^\sigma q(r)f(r,\,u(r),\,u'(r))\mathrm{d}r \right)$$

$$+ \int_0^\sigma \phi_p^{-1} \left(\int_s^\sigma q(r)f(r,\,u(r),\,u'(r))\mathrm{d}r \right) \mathrm{d}s$$

$$> \alpha\phi_p^{-1} \left(\int_\xi^\eta q(r)f(r,\,u(r),\,u'(r))\mathrm{d}r \right)$$

$$+ \int_\xi^\eta \phi_p^{-1} \left(\int_s^\eta q(r)f(r,\,u(r),\,u'(r))\mathrm{d}r \right) \mathrm{d}s$$

$$\geqslant \alpha(\eta-\xi)^{\frac{1}{p-1}} \phi_p^{-1} \left(\min_{\xi \leqslant t \leqslant \eta} (q(t)f(t,\,0,\,0)) \right)$$

$$+ \frac{p-1}{p}(\eta-\xi)^{\frac{p}{p-1}} \phi_p^{-1} \left(\min_{\xi \leqslant t \leqslant \eta} (q(t)f(t,\,0,\,0)) \right)$$

$$= \left(\alpha(\eta-\xi)^{\frac{1}{p-1}} + \frac{p-1}{p}(\eta-\xi)^{\frac{p}{p-1}} \right) \phi_p^{-1} \left(\min_{\xi \leqslant t \leqslant \eta} (q(t)f(t,\,0,\,0)) \right)$$

同样出现矛盾结果. 因此 $\eta < \sigma < 1$ 也是不可能的.

以上讨论可知，$\xi \leqslant \sigma \leqslant \eta$.

这样一来，由于 $(Tu)(t)$ 在 $[0, 1]$ 区间上是凹函数，所以，$Tu(t)$ 在区间 $[0, \xi]$ 上是单调不减的，而在区间 $[\eta, 1]$ 上是单调不增的.

根据边值条件 (2.32)，易知

$$(Tu)(0) = \alpha(Tu)'(\xi) \geqslant 0$$

且

$$(Tu)(1) = -\beta(Tu)'(\eta) \geqslant 0$$

因此，得到 $Tu \in P$.

下证 $T: P \to P$ 是全连续算子.

由 f 的连续性易得 T 的连续性，故需证明 T 的紧性. 令 $\Omega \subset P$ 是一有界集，则存在 $R > 0$，使得 $\Omega \subset \{u \in K | \|u\| \leqslant R\}$. 对于任意的 $u \in \Omega$，易知 $T\Omega$ 一致有界且等度连续，故 T 在 $C^1[0, 1]$ 中紧.

又由 (2.34) 可知，对 $\forall \varepsilon > 0$，$\exists \delta > 0$，且 t_1，$t_2 \in [0, 1]$，$t_2 > t_1$，当 $|t_2 - t_1| < \delta$ 时，有.

$$|\phi_p(Tu)'(t_1) - \phi_p(Tu)'(t_2)| = \int_{t_1}^{t_2} q(r)f(r, u(r), u'(r))\mathrm{d}r < \varepsilon$$

这就意味着，$\phi_p(T\Omega)'$ 一致有界且等度连续. 因此，$\phi_p(T')$ 在 $C^1[0, 1]$ 中紧，即 T' 在 $C^1[0, 1]$ 中紧，则由 Arzela-Ascoli 定理可知，T 在 $C^1[0, 1]$ 中相对紧，从而 T 是紧的，也就得到了 T 的全连续性.

由于 $T: P \to P$ 是全连续算子，则 T 在 P 中的每一个不动点也是边值问题 (2.31) 和 (2.32) 的解.

第 2 步：记

$$\overline{P_a} = \{u \in P \mid \|u\| \leqslant a\}$$

接下来，证明 $T: \overline{P_a} \to \overline{P_a}$.

对于 $u \in \overline{P_a}$，可得 $\|u\| \leqslant a$，则

$$0 \leqslant u(t) \leqslant \max_{0 \leqslant t \leqslant 1} |u(t)| \leqslant \|u\| \leqslant a$$

$$|u'(t)| \leqslant \max_{0 \leqslant t \leqslant 1} |u'(t)| \leqslant \|u\| \leqslant a$$

根据条件 (H$_3$) 和 (H$_4$)，可知

$$0 \leqslant f(t,\, u(t),\, u'(t)) \leqslant f(t,\, a,\, a) \leqslant \max_{0 \leqslant t \leqslant 1} f(t,\, a,\, a) \leqslant \phi_p\left(\frac{a}{\lambda_2}\right), \quad 0 \leqslant t \leqslant 1$$

事实上

$$\|Tu\| = \max\left\{\max_{0 \leqslant t \leqslant 1}|(Tu)(t)|,\ \max_{0 \leqslant t \leqslant 1}|(Tu)'(t)|\right\}$$

$$= \max\{(Tu)(\sigma),\ (Tu)'(0),\ -(Tu)'(1)\}$$

结合边值条件 (2.33) 和边值条件 (2.34)，可得

$$(Tu)(\sigma) = \alpha\phi_p^{-1}\left(\int_\xi^\sigma q(r)f(r,\, u(r),\, u'(r))\mathrm{d}r\right)$$

$$+ \int_0^\sigma \phi_p^{-1}\left(\int_s^\sigma q(r)f(r,\, u(r),\, u'(r))\mathrm{d}r\right)\mathrm{d}s$$

$$= \beta\phi_p^{-1}\left(\int_\sigma^\eta q(r)f(r,\, u(r),\, u'(r))\mathrm{d}r\right)$$

$$+ \int_\sigma^1 \phi_p^{-1}\left(\int_\sigma^s q(r)f(r,\, u(r),\, u'(r))\mathrm{d}r\right)\mathrm{d}s$$

$$< \frac{a}{\lambda_2}\max\left\{\alpha\phi_p^{-1}\left(\int_0^1 q(r)\mathrm{d}r\right) + \int_0^1 \phi_p^{-1}\left(\int_0^1 q(r)\mathrm{d}r\right)\mathrm{d}s,\right.$$

$$\left.\beta\phi_p^{-1}\left(\int_0^1 q(r)\mathrm{d}r\right) + \int_0^1 \phi_p^{-1}\left(\int_0^1 q(r)\mathrm{d}r\right)\mathrm{d}s\right\}$$

$$\leqslant \frac{a}{\lambda_2}\max\{\alpha+1,\quad \beta+1\}\left(\max_{0 \leqslant t \leqslant 1} q(t)\right)^{\frac{1}{p-1}}$$

$$\leqslant a$$

以及

$$(Tu)'(0) = \phi_p^{-1}\left(\int_0^\sigma q(r)f(r,\, u(r),\, u'(r))\mathrm{d}r\right)$$

$$\leqslant \frac{a}{\lambda_2}\left(\max_{0 \leqslant t \leqslant \eta} q(t)\right)^{\frac{1}{p-1}}$$

$$\leqslant a$$

$$-(Tu)'(1) = \phi_p^{-1}\left(\int_\sigma^1 q(r)f(r,\, u(r),\, u'(r)) \right)\mathrm{d}r$$

$$\leqslant \frac{a}{\lambda_2}\left(\max_{\xi \leqslant t \leqslant 1} q(t) \right)^{\frac{1}{p-1}}$$

$$\leqslant a$$

所以，我们得到

$$\|Tu\| \leqslant a$$

由此可知，$T: \overline{P_a} \to \overline{P_a}$.

第 3 步：接着来构造迭代序列.

令

$$w_0(t) = \begin{cases} \dfrac{a(\alpha + t)}{\max\{\alpha + 1,\, \beta + 2\}}, & \beta - \alpha \leqslant -1,\ 0 \leqslant t \leqslant 1 \\[3mm] \dfrac{a(\beta + 1 + t)}{\max\{\alpha + 1,\, \beta + 2\}}, & -1 \leqslant \beta - \alpha \leqslant 1,\ 0 \leqslant t \leqslant 1 \\[3mm] \dfrac{a(\beta + 1 - t)}{\max\{\alpha + 1,\, \beta + 2\}}, & \beta - \alpha \geqslant 1,\ 0 \leqslant t \leqslant 1 \end{cases}$$

则令 $w_1 = Tw_0$，$w_2 = Tw_1 = T^2 w_0$，那么，$w_1 \in \overline{P_a}$，$w_2 \in \overline{P_a}$.

我们记

$$w_{n+1} = Tw_n = T^n w_0,\ n = 0,\, 1,\, 2,\, \cdots \tag{2.35}$$

由于 $T: \overline{P_a} \to \overline{P_a}$，所以可知，$w_n \in T\overline{P_a} \subseteq \overline{P_a}$，$n = 1,\, 2,\, \cdots$

由于 T 是紧的，于是我们断言 $\{w_n\}_{n=1}^\infty$ 有一个收敛子列 $\{w_{n_k}\}_{k=1}^\infty$ 和 $w^* \in \overline{P_a}$，使得 $w_{n_k} \to w^*$.

由于

$$w_1(t) = Tw_0(t)$$

$$
\begin{aligned}
=&\begin{cases}
\alpha\phi_p^{-1}\left(\displaystyle\int_\xi^\sigma q(r)f(r,\,w_0(r),\,w_0'(r))\mathrm{d}r\right)\\
\qquad +\displaystyle\int_0^t\phi_p^{-1}\left(\int_s^\sigma q(r)f(r,\,w_0(r),\,w_0'(r))\mathrm{d}r\right)\mathrm{d}s,\quad 0\leqslant t\leqslant\sigma\\[4pt]
\beta\phi_p^{-1}\left(\displaystyle\int_\sigma^\eta q(r)f(r,\,w_0(r),\,w_0'(r))\mathrm{d}r\right)\\
\qquad +\displaystyle\int_t^1\phi_p^{-1}\left(\int_\sigma^s q(r)f(r,\,w_0(r),\,w_0'(r))\mathrm{d}r\right)\mathrm{d}s,\quad \sigma\leqslant t\leqslant 1
\end{cases}\\[6pt]
\leqslant&\begin{cases}
\dfrac{a}{\lambda_2}(\alpha+t)\left(\max\limits_{0\leqslant t\leqslant1}q(t)\right)^{\frac{1}{p-1}},& 0\leqslant t\leqslant\sigma\\[10pt]
\dfrac{a}{\lambda_2}(\beta+1-t)\left(\max\limits_{0\leqslant t\leqslant1}q(t)\right)^{\frac{1}{p-1}},& \sigma\leqslant t\leqslant 1
\end{cases}\\[6pt]
\leqslant&\begin{cases}
\dfrac{a(\alpha+t)}{\max\{\alpha+1,\,\beta+2\}},& \beta-\alpha\leqslant-1,\ 0\leqslant t\leqslant1\\[8pt]
\dfrac{a(\beta+1+t)}{\max\{\alpha+1,\,\beta+2\}},& -1\leqslant\beta-\alpha\leqslant1,\ 0\leqslant t\leqslant1\\[8pt]
\dfrac{a(\beta+1-t)}{\max\{\alpha+1,\,\beta+2\}},& \beta-\alpha\geqslant1,\ 0\leqslant t\leqslant1
\end{cases}\\[6pt]
=&\,w_0(t),\quad 0\leqslant t\leqslant1
\end{aligned}
$$

以及

$$
\begin{aligned}
&|w_1'(t)|\\
=&\,|(Tw_0)'(t)|\\
=&\begin{cases}
\left|\phi_p^{-1}\left(\displaystyle\int_t^\sigma q(r)f(r,\,w_0(r),\,w_0'(r))\mathrm{d}r\right)\right|,& 0\leqslant t\leqslant\sigma\\[8pt]
\left|-\phi_p^{-1}\left(\displaystyle\int_\sigma^t q(r)f(r,\,w_0(r),\,w_0'(r))\mathrm{d}r\right)\right|,& \sigma\leqslant t\leqslant1
\end{cases}\\[6pt]
\leqslant&\,|w_0'(t)|,\quad 0\leqslant t\leqslant1
\end{aligned}
$$

于是，得到

$$w_1(t) \leqslant w_0(t), \qquad 0 \leqslant t \leqslant 1$$

$$|w_1'(t)| \leqslant |w_0'(t)|, \qquad 0 \leqslant t \leqslant 1$$

因此

$$w_2(t) = Tw_1(t) \leqslant Tw_0(t) = w_1(t), \quad 0 \leqslant t \leqslant 1$$

$$|w_2'(t)| = |(Tw_1)'(t)| \leqslant |(Tw_0)'(t)| = |w_1'(t)|, \quad 0 \leqslant t \leqslant 1$$

以此类推，得

$$w_{n+1} \leqslant w_n, \quad 0 \leqslant t \leqslant 1, \quad n = 0,\, 1,\, 2,\, \cdots$$

$$|w_{n+1}'(t)| \leqslant |w_n'(t)|, \quad 0 \leqslant t \leqslant 1, \quad n = 0,\, 1,\, 2,\, \cdots$$

于是，得 $w_n \to w^*$.

在边值条件 (2.35) 中，取 $n \to \infty$，利用算子 T 的连续性，得 $Tw^* = w^*$.

令 $v_0(t) = 0$，$0 \leqslant t \leqslant 1$，则 $v_0(t) \in \overline{P_a}$.

令 $v_1 = Tv_0$，$v_2 = Tv_1 = T^2 v_0$，则 $v_1 \in \overline{P_a}$，$v_2 \in \overline{P_a}$.

我们记

$$v_{n+1} = Tv_n = T^n v_0, \quad n = 0,\, 1,\, 2,\, \cdots \tag{2.36}$$

由于 $T: \overline{P_a} \to \overline{P_a}$，所以可知，$v_n \in T\overline{P_a} \subseteq \overline{P_a}$，$n = 0,\, 1,\, 2,\, \cdots$

由于 T 是紧的，于是我们断言 $\{v_n\}_{n=1}^{\infty}$ 有一个收敛子列 $\{v_{n_k}\}_{k=1}^{\infty}$ 和 $v^* \in \overline{P_a}$ 使得 $v_{n_k} \to v^*$.

由于 $v_1 = Tv_0 \in \overline{P_a}$，则

$$v_1(t) = Tv_0(t) = (T0)(t) \geqslant 0, \quad 0 \leqslant t \leqslant 1$$

$$|v_1'(t)| = |(Tv_0)'(t)| = |(T0)'(t)| \geqslant 0, \quad 0 \leqslant t \leqslant 1$$

于是

$$v_2(t) = Tv_1(t) \geqslant (T0)(t) = v_1(t), \quad 0 \leqslant t \leqslant 1$$

$$|v_2'(t)| = |(Tv_1)'(t)| \geqslant |(T0)'(t)| = |v_1'(t)|, \quad 0 \leqslant t \leqslant 1$$

则同理于前面的讨论, 以此类推得

$$v_{n+1}(t) \geqslant v_n(t), \quad |v'_{n+1}(t)| \geqslant |v'_n(t)|, \quad 0 \leqslant t \leqslant 1, \quad n = 0, 1, 2, \cdots$$

因此, 得 $v_n \to v^*$.

在式 (2.36) 中, 取 $n \to \infty$, 利用算子 T 的连续性, 得 $Tv^* = v^*$.

条件 (H$_5$) 表明, $f(t, 0, 0) \not\equiv 0$, $0 \leqslant t \leqslant 1$, 则零解不是边值问题 (2.31) 和 (2.32) 的解. 因此, $\max\limits_{0 \leqslant t \leqslant 1} |v^*(t)| > 0$, 则

$$v^* \geqslant \min\{t, 1-t\} \max\limits_{0 \leqslant t \leqslant 1} |v^*(t)| > 0, \quad 0 < t < 1$$

由于算子 T 在 P 中的每一个不动点是边值问题 (2.31) 和 (2.32) 的解, 因此, 我们断言边值问题 (2.31) 和 (2.32) 有在区间 $[0, \xi]$ 上单调不减, $[\eta, 1]$ 单调不增的凹正解 w^* 和 v^*.

如果 $\lim\limits_{n \to \infty} w_n \neq \lim\limits_{n \to \infty} v_n$, 则 w^* 与 v^* 是边值问题 (2.31) 和 (2.32) 的两个在区间 $[0, \xi]$ 上单调不减, $[\eta, 1]$ 单调不增的凹正解. 而如果 $\lim\limits_{n \to \infty} w_n = \lim\limits_{n \to \infty} v_n$, 则 $w^* = v^*$ 是边值问题 (2.31) 和 (2.32) 的一个在区间 $[0, \xi]$ 上单调不减, $[\eta, 1]$ 单调不增的凹正解.

至此, 定理得证.

推论 2.3.1 设条件 (H$_1$)—(H$_3$) 和条件 (H$_5$) 成立, 并且存在常数 $a > 0$, 使得

(H$_6$): $\max\limits_{0 \leqslant t \leqslant \xi \cup \eta \leqslant t \leqslant 1} f(t, a, a) \leqslant \lambda_1 \min\limits_{\xi \leqslant t \leqslant \eta} f(t, 0, 0)$

$$\lim\limits_{\ell \to +\infty} \max\limits_{0 \leqslant t \leqslant 1} \frac{f(t, \ell, a)}{\ell^{p-1}} \leqslant \frac{1}{\lambda_2^{p-1}}$$

$$\left(\text{特别地}, \lim\limits_{\ell \to +\infty} \max\limits_{0 \leqslant t \leqslant 1} \frac{f(t, \ell, a)}{\ell^{p-1}} = 0\right)$$

则定理 2.3.1 中的结论仍然成立（这时取 $0 < a \ll 1$）.

2.3.2 举 例

下面的例子是本节中主要定理的直观应用.

例 2.3.1 令式 (2.31) 中 $p = \dfrac{3}{2}$, $q(t) = 1$, (2.32) 中 $\alpha = 2$, $\beta = 1$, 考虑如下边值问题的迭代正解

$$
\begin{cases}
(|u'(t)|^{-\frac{1}{2}} u'(t))' + f(t,\, u(t),\, u'(t)) = 0, & 0 < t < 1 \\[2mm]
u(0) - 2u'\left(\dfrac{1}{4}\right) = 0, \qquad u(1) + u'\left(\dfrac{1}{2}\right) = 0
\end{cases}
\tag{2.37}
$$

其中

$$
f(t,\, x,\, y) = -t^2 + t + \frac{1}{400}x + \frac{1}{1600}y^2
$$

解 令 $a = 4$, 则可得 $\lambda_1 = \dfrac{5\sqrt{2}}{4}$ 以及 $\lambda_2 = 3$.

易验证条件 (H_1) 和 (H_2) 成立, 进一步易知 $f(t,\, x,\, y)$ 满足下列条件:

(1) $f(t,\, x_1,\, y_1) \leqslant f(t,\, x_2,\, y_2)$, 对于任意的 $0 \leqslant t \leqslant 1$, $0 \leqslant x_1 \leqslant x_2 \leqslant 4$, $0 \leqslant |y_1| \leqslant |y_2| \leqslant 4$;

(2) $\displaystyle\max_{0 \leqslant t \leqslant \frac{1}{4} \cup \frac{1}{2} \leqslant t \leqslant 1} f(t,\, 4,\, 4) < \frac{5\sqrt{2}}{4} \min_{\frac{1}{4} \leqslant t \leqslant \frac{1}{2}} f(t,\, 0,\, 0)$,

$\displaystyle\max_{0 \leqslant t \leqslant 1} f(t,\, 4,\, 4) < \left(\frac{a}{\lambda_2}\right)^{p-1}$;

(3) $f(t,\, 0,\, 0) \not\equiv 0$, $0 \leqslant t \leqslant 1$.

则由定理 2.3.1可知, 边值问题 (2.37) 存在区间 $[0,\, \xi]$ 上单调不减, $[\eta,\, 1]$ 单调不增的凹正解 w^* 或者 v^*, 使得

$$
0 < w^* \leqslant 4, \qquad 0 < |(w^*)'| \leqslant 4
$$

且 $\quad \displaystyle\lim_{n \to \infty} w_n = \lim_{n \to \infty} T^n w_0 = w^*$

$$
\lim_{n \to \infty} (w_n)' = \lim_{n \to \infty} (T^n w_0)' = (w^*)'
$$

其中 $\quad w_0(t) = \dfrac{4}{3}t + \dfrac{8}{3}, \qquad 0 \leqslant t \leqslant 1$

及

$$0 < v^* \leqslant 4, \quad 0 < |(v^*)'| \leqslant 4$$

且 $\displaystyle\lim_{n\to\infty} v_n = \lim_{n\to\infty} T^n v_0 = v^*$

$$\lim_{n\to\infty} (v_n)' = \lim_{n\to\infty} (T^n v_0)' = (v^*)'$$

其中 $v_0(t) = 0, \quad 0 \leqslant t \leqslant 1$

其中 $(Tu)(t)$ 如边值条件 (2.33) 定义.

2.4 具 p-Laplace 算子的二阶多点边值问题的迭代正解

本节中, 讨论具 p–Laplace 算子的多点微分方程边值问题

$$(\phi_p(u'))'(t) + q(t)f(t,\, u(t)) = 0, \quad 0 < t < 1 \tag{2.38}$$

$$u'(0) = \sum_{i=1}^{n} \alpha_i u'(\xi_i), \quad u(1) = \sum_{i=1}^{n} \beta_i u(\xi_i) \tag{2.39}$$

正解的存在性. 其中, $\phi_p(s) = |s|^{p-2}s$, $p > 1$ 为 p–Laplace 算子.

$\xi_i \in (0,\, 1)$ $(i = 1,\, 2,\, \cdots,\, n)$, α_i, β_i, f, q 满足:

(H1): $0 \leqslant \alpha_i$, $\beta_i < 1 (i = 1,\, 2,\, \cdots,\, n)$, $0 \leqslant \sum_{i=1}^{n} \alpha_i$, $\sum_{i=1}^{n} \beta_i < 1$;

(H2): $f \in C([0,\, 1] \times [0,\, +\infty),\, [0,\, +\infty))$, $q(t) \in L^1[0,\, 1]$ 在 $(0,\, 1)$ 上非负, $q(t)$ 在 $(0,\, 1)$ 的任意紧子区间上不恒等于零.

这里, 称 $w^* \in E$ 是边值问题 (2.38) 和 (2.39) 的一个正解, 是指 w^* 满足边值问题 (2.38) 和 (2.39), 且有 $w^*(t) > 0$, $0 < t < 1$.

2.4.1 预备工作

记 $E = C[0,\, 1]$, 其中范数定义为

$$\|w\| := \max_{0 \leqslant t \leqslant 1} |w(t)|$$

则 E 为 Banach 空间.

记

$$C^+[0, 1] = \{w \in E: w(t) \geqslant 0, \quad t \in [0, 1]\}$$

$$P = \{w \in E: w(t) \geqslant 0, \text{ 且在} [0, 1] \text{上是凹的和单调下降的}\}$$

容易验证, P 是 E 中的锥. 对任意 $w \in P$, 有

$$\|w\|(1 - t) \leqslant w(t) \leqslant \|w\|, \quad t \in [0, 1] \tag{2.40}$$

引理 2.4.1 假设 $y \in C^1[0, 1]$, 且 $(\phi_p(y'))' \in L^1[0, 1]$, 满足

$$\begin{cases} -(\phi_p(y'))'(t) \geqslant 0, \quad 0 < t < 1 \\ y'(0) = \sum_{i=1}^n \alpha_i y'(\xi_i), \quad y(1) = \sum_{i=1}^n \beta_i y(\xi_i) \end{cases}$$

则 $y(t)$ 在 $[0, 1]$ 上是凹的且有 $y(t) \geqslant 0$, $y'(t) \leqslant 0$, 即 $y \in P$.

证明: 由 $0 \leqslant \sum_{i=1}^n \alpha_i < 1$, $0 \leqslant \sum_{i=1}^n \beta_i < 1$ 易证, 故略.

对任意 $x \in C^+[0, 1]$, 假设 u 是下列边值问题的解

$$\begin{cases} (\phi_p(u'))'(t) + q(t)f(t, x(t)) = 0, \quad 0 < t < 1 \\ u'(0) = \sum_{i=1}^n \alpha_i u'(\xi_i), \quad u(1) = \sum_{i=1}^n \beta_i u(\xi_i) \end{cases}$$

则

$$u'(t) = \phi_p^{-1}\left(A_x - \int_0^t q(s)f(s, x(s))\mathrm{d}s\right)$$

$$u(t) = B_x - \int_t^1 \phi_p^{-1}\left(A_x - \int_0^s q(r)f(r, x(r))\mathrm{d}r\right)\mathrm{d}s$$

其中, A_x, B_x 满足边界条件, 即

$$\phi_p^{-1}(A_x) = \sum_{i=1}^n \alpha_i \phi_p^{-1}\left(A_x - \int_0^{\xi_i} q(s)f(s, x(s))\mathrm{d}s\right)$$

$$B_x = \sum_{i=1}^n \beta_i \left[B_x - \int_{\xi_i}^1 \phi_p^{-1}\left(A_x - \int_0^s q(r)f(r, x(r))\mathrm{d}r\right)\mathrm{d}s\right]$$

整理得

$$u(t) = -\frac{\displaystyle\sum_{i=1}^{n} \beta_i \int_{\xi_i}^{1} \phi_p^{-1}\left(A_x - \int_0^s q(r)f(r,\,x(r))\mathrm{d}r\right)\mathrm{d}s}{1 - \displaystyle\sum_{i=1}^{n} \beta_i}$$
$$- \int_t^1 \phi_p^{-1}\left(A_x - \int_0^s q(r)f(r,\,x(r))\mathrm{d}r\right)\mathrm{d}s$$

其中, A_x 满足

$$\phi_p^{-1}(A_x) = \sum_{i=1}^{n} \alpha_i \phi_p^{-1}\left(A_x - \int_0^{\xi_i} q(s)f(s,\,x(s))\mathrm{d}s\right) \tag{2.41}$$

引理 2.4.2 对任意 $x \in C^+[0,\,1]$, 存在唯一的常数 $A_x \in (-\infty,\,+\infty)$ 满足式 (2.41).

证明: 对任意 $x \in C^+[0,\,1]$, 定义

$$H_x(c) = \phi_p^{-1}(c) - \sum_{i=1}^{n} \alpha_i \phi_p^{-1}\left(c - \int_0^{\xi_i} q(s)f(s,\,x(s))\mathrm{d}s\right)$$

则 $H_x(c) \in C((-\infty,\,+\infty),\,R)$, $H_x(0) \geqslant 0$.

下面将分两种情况, 来证明 $H_x(c) = 0$ 在 $(-\infty,\,+\infty)$ 上有唯一解, 从而, 存在唯一的 $A_x \in (-\infty,\,+\infty)$ 满足式 (2.41).

情形 1: $H_x(0) = 0$. 则

$$\sum_{i=1}^{n} \alpha_i \phi_p^{-1}\left(\int_0^{\xi_i} q(s)f(s,\,x(s))\mathrm{d}s\right) = 0$$

因此

$$\alpha_i \phi_p^{-1}\left(\int_0^{\xi_i} q(s)f(s,\,x(s))\mathrm{d}s\right) = 0, \quad i = 1,\,2,\,\cdots,\,n$$

从而

$$\phi_p(\alpha_i) \int_0^{\xi_i} q(s)f(s,\,x(s))\mathrm{d}s = 0, \quad i = 1,\,2,\,\cdots,\,n$$

得

$$H_x(c) = \phi_p^{-1}(c) - \sum_{i=1}^{n} \alpha_i \phi_p^{-1}\left(c - \int_0^{\xi_i} q(s)f(s,\ x(s))\mathrm{d}s\right)$$

$$= \phi_p^{-1}(c) - \sum_{i=1}^{n} \phi_p^{-1}\left(\phi_p(\alpha_i)c - \phi_p(\alpha_i)\int_0^{\xi_i} q(s)f(s,\ x(s))\mathrm{d}s\right)$$

$$= \phi_p^{-1}(c) - \sum_{i=1}^{n} \alpha_i \phi_p^{-1}(c)$$

$$= \left(1 - \sum_{i=1}^{n} \alpha_i\right)\phi_p^{-1}(c)$$

显然, 存在唯一的 $c = 0$, 满足 $H_x(c) = 0$.

情形 2: $H_x(0) \neq 0$, 则 $H_x(0) > 0$. 当 $c \in (0,\ +\infty)$ 时,

$$H_x(c) = \phi_p^{-1}(c) - \sum_{i=1}^{n} \alpha_i \phi_p^{-1}\left(c - \int_0^{\xi_i} q(s)f(s,\ x(s))\mathrm{d}s\right)$$

$$\geqslant \phi_p^{-1}(c) - \sum_{i=1}^{n} \alpha_i \phi_p^{-1}(c)$$

$$= \left(1 - \sum_{i=1}^{n} \alpha_i\right)\phi_p^{-1}(c) > 0$$

因此, 当 $c \in (0,\ +\infty)$ 时, $H_x(c) \neq 0$.

当 $c \in (-\infty,\ 0)$ 时,

$$H_x(c) = \phi_p^{-1}(c) - \sum_{i=1}^{n} \alpha_i \phi_p^{-1}\left(c - \int_0^{\xi_i} q(s)f(s,\ x(s))\mathrm{d}s\right)$$

$$= \phi_p^{-1}(c)\left[1 - \sum_{i=1}^{n} \alpha_i \phi_p^{-1}\left(1 - \frac{\int_0^{\xi_i} q(s)f(s,\ x(s))\mathrm{d}s}{c}\right)\right]$$

$$= \phi_p^{-1}(c)\overline{H_x}(c)$$

其中

$$\overline{H}_x(c) = 1 - \sum_{i=1}^{n} \alpha_i \phi_p^{-1} \left(1 - \frac{\int_0^{\xi_i} q(s)f(s, x(s))\mathrm{d}s}{c} \right)$$

因 $H_x(0) > 0$, 即

$$\sum_{i=1}^{n} \alpha_i \phi_p^{-1} \left(\int_0^{\xi_i} q(s)f(s, x(s))\mathrm{d}s \right) > 0$$

因此, $\exists i_0 \in \{1, 2, \cdots, n\}$, 使得

$$\alpha_{i_0} \phi_p^{-1} \left(\int_0^{\xi_{i_0}} q(s)f(s, x(s))\mathrm{d}s \right) > 0$$

从而, 得 $\overline{H}_x(c)$ 在 $(-\infty, 0)$ 上是严格单调下降的.

令

$$\overline{c} = -\frac{\phi_p\left(\sum\limits_{i=1}^{n} \alpha_i\right)}{1 - \phi_p\left(\sum\limits_{i=1}^{n} \alpha_i\right)} \int_0^1 q(s)f(s, x(s))\mathrm{d}s$$

则 $\overline{c} < 0$.

又由 $\sum\limits_{i=1}^{n} \alpha_i > 0$ 及

$$\int_0^1 q(s)f(s, x(s))\mathrm{d}s > 0$$

得

$$\overline{H}_x(\overline{c}) = 1 - \sum_{i=1}^{n} \alpha_i \phi_p^{-1} \left(1 + \frac{\left(1 - \phi_p\left(\sum\limits_{i=1}^{n} \alpha_i\right)\right) \int_0^{\xi_i} q(s)f(s, x(s))\mathrm{d}s}{\phi_p\left(\sum\limits_{i=1}^{n} \alpha_i\right) \int_0^1 q(s)f(s, x(s))\mathrm{d}s} \right) \geqslant 0$$

因此, $H_x(\overline{c}) = \phi_p^{-1}(\overline{c})\overline{H}(\overline{c}) \leqslant 0$.

由中值定理, 可知存在 $c_0 \in [\bar{c}, 0) \subset (-\infty, 0)$, 满足 $H_x(c_0) = 0$.

假设存在两个常数 $c_i \in (-\infty, 0)(i = 1, 2)$, 满足

$$H_x(c_1) = H_x(c_2) = 0$$

那么

$$\overline{H}_x(c_1) = \overline{H}_x(c_2) = 0$$

由 $\overline{H}_x(c)$ 在 $(-\infty, 0)$ 上的严格单调性, 可知 $c_1 = c_2$. 因此, $H_x(c) = 0$ 在 $(-\infty, 0)$ 上有唯一解.

结合上述情形和 $H_x(0) \neq 0$, 得 $H_x(c) = 0$ 在 $(-\infty, +\infty)$ 上有唯一解.

引理 2.4.2 得证.

注 2.4.1 由引理 2.4.2 的证明过程, 可知对任意 $x \in C^+[0, 1]$,

$$A_x \in \left[-\frac{\phi_p\left(\sum_{i=1}^{n} \alpha_i\right)}{1 - \phi_p\left(\sum_{i=1}^{n} \alpha_i\right)} \int_0^1 q(s)f(s, x(s))\mathrm{d}s, \ 0 \right]$$

而且, 若 $H_x(0) = 0$, 则 $A_x = 0$; 若 $H_x(0) \neq 0$, 则 $A_x \neq 0$.

对任意 $x \in C^+[0, 1]$, 记 A_x 是相应于 x 的满足 (2.41) 的唯一常数, 那么有如下引理.

引理 2.4.3 A_x: $C^+[0, 1] \to \mathbf{R}$ 有下列性质:

(1) A_x 关于 x 连续;

(2) 若 $f(\cdot, \cdot)$ 在 $[0, 1] \times [0, +\infty)$ 上关于第二变元单调上升, 那么 A_x 在 $C^+[0, 1]$ 上关于 x 单调下降.

证明: (1): 令 $\{x_n\} \in C^+[0, 1]$ 且 $x_n \to x_0 \in C^+[0, 1]$.

记 $\{A_n\}(n = 0, 1, 2, \cdots)$ 是相应于 $x_n(n = 0, 1, 2, \cdots)$ 的满足式 (2.41) 的唯一常数.

由 $x_n \to x_0$ 及 f: $[0, 1] \times [0, +\infty) \to [0, +\infty)$ 连续, 可知对于 $\varepsilon = 1$,

存在 $N > 0$，当 $n > N$ 时，对任意 $r \in [0, 1]$，

$$
\begin{aligned}
0 &\leqslant q(r) f(r,\, x_n(r)) \\
&\leqslant q(r)[1 + f(r,\, x_0(r))] \\
&\leqslant q(r) \left[1 + \max_{r \in [0,\, 1]} f(r,\, x_0(r)) \right]
\end{aligned}
\tag{2.42}
$$

因此

$$
A_n \in \left[-\frac{\phi_p\left(\displaystyle\sum_{i=1}^{n} \alpha_i\right)}{1 - \phi_p\left(\displaystyle\sum_{i=1}^{n} \alpha_i\right)} \int_0^1 q(s) f(s,\, x_n(s)) \mathrm{d}s,\, 0 \right]
$$

$$
\subseteq \left[-\frac{\phi_p\left(\displaystyle\sum_{i=1}^{n} \alpha_i\right)\left[1 + \displaystyle\max_{r \in [0,\, 1]} f(r,\, x_0(r))\right]}{1 - \phi_p\left(\displaystyle\sum_{i=1}^{n} \alpha_i\right)} \int_0^1 q(s) \mathrm{d}s,\, 0 \right]
$$

从而，$\{A_n\}$ 有界.

假设 $\{A_n\} \nrightarrow A_0$，那么，由 $\{A_n\}$ 的有界性，可知存在 $\{A_n\}$ 的两个子列 $\{A_{n_k}^{(1)}\}$ 和 $\{A_{n_k}^{(2)}\}$，满足 $A_{n_k}^{(1)} \to c_1$ 和 $A_{n_k}^{(2)} \to c_2$，但 $c_1 \neq c_2$.

由 $\{A_n\}(n = 0,\, 1,\, 2,\, \cdots)$ 的定义，可知

$$
\phi_p^{-1}(A_{n_k}^{(1)}) = \sum_{i=1}^{n} \alpha_i \phi_p^{-1}\left(A_{n_k}^{(1)} - \int_0^{\xi_i} q(s) f(s,\, x_{n_k}^{(1)}(s)) \mathrm{d}s \right)
\tag{2.43}
$$

结合式 (2.42)，在式 (2.43) 中运用 Lebesgue's 控制收敛定理，得

$$
\begin{aligned}
\phi_p^{-1}(c_1) &= \lim_{n_k \to \infty} \sum_{i=1}^{n} \alpha_i \phi_p^{-1}\left(A_{n_k}^{(1)} - \int_0^{\xi_i} q(s) f(s,\, x_{n_k}^{(1)}(s)) \mathrm{d}s \right) \\
&= \sum_{i=1}^{n} \alpha_i \phi_p^{-1}\left(\lim_{n_k \to \infty} A_{n_k}^{(1)} - \lim_{n_k \to \infty} \int_0^{\xi_i} q(s) f(s,\, x_{n_k}^{(1)}(s)) \mathrm{d}s \right)
\end{aligned}
$$

$$= \sum_{i=1}^{n} \alpha_i \phi_p^{-1} \left(c_1 - \int_0^{\xi_i} q(s) f(s, x_0(s)) \mathrm{d}s \right)$$

由于 $\{A_n\}(n = 0, 1, 2, 3, \cdots)$ 是唯一的，因此，$c_1 = A_0$.

类似得 $c_2 = A_0$. 因此 $c_1 = c_2$，矛盾. 因此，对任意 $x_n \to x_0$ 都有 $A_n \to A_0$，即 $A_x\colon C^+[0, 1] \to R$ 连续.

(2)：对任意 $x_i \in C^+[0, 1](i = 1, 2)$，记 $A_i(i = 1, 2)$ 是相应于 $x_i(i = 1, 2)$ 的满足式 (2.41) 的唯一常数. 不妨假设 $x_1 \geqslant x_2$.

下面将证明 $A_1 \leqslant A_2$.

若 $A_2 = 0$，则由注 2.4.1，得 $A_1 \leqslant 0 = A_2$.

若 $A_1 = 0$，则由注 2.4.1，得 $H_{x_1}(0) = 0$，即

$$\sum_{i=1}^{n} \alpha_i \phi_p^{-1} \left(\int_0^{\xi_i} q(s) f(s, x_1(s)) \mathrm{d}s \right) = 0$$

因此

$$
\begin{aligned}
0 \leqslant H_{x_2}(0) &= \sum_{i=1}^{n} \alpha_i \phi_p^{-1} \left(\int_0^{\xi_i} q(s) f(s, x_2(s)) \mathrm{d}s \right) \\
&\leqslant \sum_{i=1}^{n} \alpha_i \phi_p^{-1} \left(\int_0^{\xi_i} q(s) f(s, x_1(s)) \mathrm{d}s \right) \\
&= 0
\end{aligned}
$$

从而，$H_{x_2}(0) = 0$，即 $A_2 = 0$.

若 $A_i \neq 0(i = 1, 2)$，则 $A_i < 0$，$H_{x_i}(0) \neq 0(i = 1, 2)$.

由 $A_i(i = 1, 2)$ 的定义，可知

$$\phi_p^{-1}(A_j) = \sum_{i=1}^{n} \alpha_i \phi_p^{-1} \left(A_j - \int_0^{\xi_i} q(s) f(s, x_j(s)) \mathrm{d}s \right) \quad (j = 1, 2)$$

因此

$$\sum_{i=1}^{n} \alpha_i \phi_p^{-1}\left(1 - \frac{\int_0^{\xi_i} q(s)f(s,\,x_1(s))\mathrm{d}s}{A_1}\right)$$

$$= \sum_{i=1}^{n} \alpha_i \phi_p^{-1}\left(1 - \frac{\int_0^{\xi_i} q(s)f(s,\,x_2(s))\mathrm{d}s}{A_2}\right) \tag{2.44}$$

假设 $A_1 > A_2$，那么 $0 > \dfrac{1}{A_2} > \dfrac{1}{A_1}$.

由 $x_1 \geqslant x_2$，可知

$$\int_0^{\xi_i} q(s)f(s,\,x_1(s))\mathrm{d}s \geqslant \int_0^{\xi_i} q(s)f(s,\,x_2(s))\mathrm{d}s \quad (i=1,\,2,\,\cdots,\,n)$$

另外，由

$$H_{x_2}(0) = \sum_{i=1}^{n} \alpha_i \phi_p^{-1}\left(\int_0^{\xi_i} q(s)f(s,\,x_2(s))\mathrm{d}s\right) \neq 0$$

可得，必存在 $i_0 \in \{1,\,2,\,\cdots,\,n\}$，使得

$$\alpha_{i_0} \phi_p^{-1}\left(\int_0^{\xi_{i_0}} q(s)f(s,\,x_2(s))\mathrm{d}s\right) \neq 0$$

因此，当 $i \neq i_0$ 时

$$\frac{\int_0^{\xi_i} q(s)f(s,\,x_1(s))\mathrm{d}s}{A_1} \leqslant \frac{\int_0^{\xi_i} q(s)f(s,\,x_2(s))\mathrm{d}s}{A_1} \leqslant \frac{\int_0^{\xi_i} q(s)f(s,\,x_2(s))\mathrm{d}s}{A_2}$$

当 $i = i_0$ 时

$$\frac{\int_0^{\xi_{i_0}} q(s)f(s,\,x_1)\mathrm{d}s}{A_1} \leqslant \frac{\int_0^{\xi_{i_0}} q(s)f(s,\,x_2)\mathrm{d}s}{A_1} < \frac{\int_0^{\xi_{i_0}} q(s)f(s,\,x_2)\mathrm{d}s}{A_2}$$

从而

$$\sum_{i=1}^{n} \alpha_i \phi_p^{-1} \left(1 - \frac{\int_0^{\xi_i} q(s)f(s,\, x_1(s))\mathrm{d}s}{A_1} \right) > \sum_{i=1}^{n} \alpha_i \phi_p^{-1} \left(1 - \frac{\int_0^{\xi_i} q(s)f(s,\, x_2(s))\mathrm{d}s}{A_2} \right)$$

与式 (2.44) 矛盾. 因此, $A_1 \leqslant A_2$.

引理 2.4.3 得证.

对任意 $x \in C^+[0,\, 1]$, 定义

$$(Tx)(t) = -\frac{\sum_{i=1}^{n} \beta_i \int_{\xi_i}^{1} \phi_p^{-1} \left(A_x - \int_0^s q(r)f(r,\, x(r))\mathrm{d}r \right) \mathrm{d}s}{1 - \sum_{i=1}^{n} \beta_i}$$

$$- \int_t^1 \phi_p^{-1} \left(A_x - \int_0^s q(r)f(r,\, x)\mathrm{d}r \right) \mathrm{d}s$$

其中, A_x 是相应于 x 的满足式 (2.41) 的唯一常数. 由引理 2.4.2, 可知 Tx 的定义有意义.

引理 2.4.4 $T: P \to P$ 全连续. 进一步, 若 $f(\cdot,\, \cdot)$ 在 $[0,\, 1] \times [0,\, +\infty)$ 上关于第二变元是单调上升的, 则 Tx 在 $C^+[0,\, 1]$ 上关于 x 也是单调上升的.

证明: 对任意 $x \in P$, 由 Tx 的定义, 可知 $(Tx) \in C^1[0,\, 1]$, $(\phi_p((Tx)'))' \in L^1[0,\, 1]$, 并且

$$\begin{cases} -(\phi_p((Tx)'))'(t) = q(t)f(t,\, x(t)) \geqslant 0, & 0 < t < 1 \\ (Tx)'(0) = \sum_{i=1}^{n} \alpha_i (Tx)'(\xi_i), & (Tx)(1) = \sum_{i=1}^{n} \beta_i (Tx)(\xi_i) \end{cases}$$

由引理 2.4.1, 可知 Tx 在 $[0,\, 1]$ 是凹的. 且 $(Tx)(t) \geqslant 0$, $(Tx)'(t) \leqslant 0$, 即 $Tx \in P$. 因此, $TP \subset P$.

T 的连续性, 由 A_x 关于 x 的连续性易得.

下面, 证明 T 紧.

令 $D \subset P$ 是一有界集，则存在 $R > 0$，使得 $D \subset \{x \in P | \|x\| \leqslant R\}$.
对任意 $x \in D$，有

$$0 \leqslant \int_0^1 q(s)f(s,\,x(s))\mathrm{d}s \leqslant \max_{s \in [0,\,1],\,u \in [0,\,R]} f(s,\,u) \int_0^1 q(s)\mathrm{d}s = : M$$

由注 2.4.1 可知

$$|A_x| \leqslant \frac{\phi_p\left(\sum_{i=1}^n \alpha_i\right) M}{1 - \phi_p\left(\sum_{i=1}^n \alpha_i\right)}$$

因此

$$\|(Tx)\| \leqslant \frac{\left(1 - \sum_{i=1}^n \beta_i \xi_i\right)\phi_p^{-1}(M)}{\left(1 - \sum_{i=1}^n \beta_i\right)\phi_p^{-1}\left(1 - \phi_p\left(\sum_{i=1}^n \alpha_i\right)\right)}$$

$$\|(Tx)'\| \leqslant \frac{\phi_p^{-1}(M)}{\phi_p^{-1}\left(1 - \phi_p\left(\sum_{i=1}^n \alpha_i\right)\right)}$$

由 Arzela-Ascoli 定理，可知 TD 是相对紧的，即 T 紧.

最后，证明 Tx 关于 x 是单调上升的.

对 $\forall x_i \in P(i = 1,\,2)$ 满足 $x_1 \geqslant x_2$. 记 $A_{x_i}(i = 1,\,2)$ 是相应于 $x_i(i = 1,\,2)$ 的满足式 (2.41) 的唯一常数.

由引理 2.4.3 ，可知 $A_{x_1} \leqslant A_{x_2}$.

由 Tx 的定义，可显见 $Tx_1 \geqslant Tx_2$.

因此，Tx 关于 x 是单调上升的.

2.4.2 边值问题 (2.38) 和 (2.39) 迭代正解的存在性

定义函数 $y(t)$: $[\xi_n, 1] \to \mathbf{R}$ 如下

$$y(t) = \frac{\sum\limits_{i=1}^{n} \beta_i \int_{\xi_i}^{t} \phi_p^{-1}\left(\int_0^s q(r)\mathrm{d}r\right)\mathrm{d}s}{1 - \sum\limits_{i=1}^{n}\beta_i} + \int_0^t \phi_p^{-1}\left(\int_0^s q(r)\mathrm{d}r\right)\mathrm{d}s$$

则由条件 (H2)，可知 $y(t) > 0$ 在 $[\xi_n, 1]$ 上连续.

记

$$A = \frac{\left(1 - \sum\limits_{i=1}^{n}\beta_i\right)\phi_p^{-1}\left(1 - \phi_p\left(\sum\limits_{i=1}^{n}\alpha_i\right)\right)}{\left(1 - \sum\limits_{i=1}^{n}\beta_i\xi_i\right)\phi_p^{-1}\left(\int_0^1 q(s)\mathrm{d}s\right)} > 0, \quad B = \frac{1}{\min\limits_{t\in[\xi_n,\,1]} y(t)} > 0 \quad (2.45)$$

定理 2.4.1 假设条件 (H1) 和 (H2) 成立. 如果存在常数 $\delta \in [\xi_n, 1]$ 和两个正数 $b < a$，使得

(H3): 对任意 $t \in [0, 1]$，$f(t, \cdot)$: $[0, a] \to [0, +\infty)$ 单调上升；

(H4): $\sup\limits_{t\in[0,\,1]} f(t, a) \leqslant (aA)^{p-1}$, $\inf\limits_{t\in[0,\,\delta]} f(t, b(1-\delta)) \geqslant (bB)^{p-1}$.

则边值问题 (2.38) 和 (2.39) 存在凹的在 $[0, 1]$ 上单调下降的正解 $w^*, v^* \in P$，且有

$$b \leqslant \|w^*\| \leqslant a \quad \text{和} \quad \lim_{n\to+\infty} T^n w_0 = w^*$$

其中 $w_0(t) \equiv a, \quad t \in [0, 1]$

$$b \leqslant \|v^*\| \leqslant a \quad \text{和} \quad \lim_{n\to+\infty} T^n v_0 = v^*$$

其中 $v_0(t) = b(1-t), \quad t \in [0, 1]$

证明：记

$$P[b, a] = \{w \in P: b \leqslant \|w\| \leqslant a\}$$

下面，首先证明

$$TP[b, a] \subset P[b, a]$$

令 $w \in P[b, a]$，那么

$$0 \leqslant w(t) \leqslant \max_{t \in [0, 1]} w(t) = w(0) = \|w\| \leqslant a$$

由式 (2.40) 可知

$$\min_{t \in [0, \delta]} w(t) \geqslant (1 - \delta)\|w\| \geqslant (1 - \delta)b$$

因此，根据条件 (H3) 和 (H4)，有

$$
\begin{aligned}
0 \leqslant & f(t, w(t)) \\
& \leqslant f(t, a) \\
& \leqslant \sup_{t \in [0, 1]} f(t, a) \\
& \leqslant (aA)^{p-1}, \quad t \in [0, 1]
\end{aligned}
\tag{2.46}
$$

$$
\begin{aligned}
f(t, w(t)) \geqslant & f(t, b(1 - \delta)) \\
& \geqslant \inf_{t \in [0, \delta]} f(t, b(1 - \delta)) \\
& \geqslant (bB)^{p-1}, \quad t \in [0, \delta]
\end{aligned}
\tag{2.47}
$$

对任意 $w \in P[b, a]$，由引理 2.4.4，可知 $Tw \in P$，从而

$$
\begin{aligned}
\|Tw\| = Tw(0) \\
= -\frac{\sum_{i=1}^{n} \beta_i \int_{\xi_i}^{1} \phi_p^{-1}\left(A_w - \int_0^s q(r)f(r, w(r))\mathrm{d}r\right)\mathrm{d}s}{1 - \sum_{i=1}^{n} \beta_i} \\
- \int_0^1 \phi_p^{-1}\left(A_w - \int_0^s q(r)f(r, w(r))\mathrm{d}r\right)\mathrm{d}s
\end{aligned}
$$

在引理 2.4.2 中，已证得

$$
A_w \in \left[-\frac{\phi_p\left(\displaystyle\sum_{i=1}^{n}\alpha_i\right)}{1-\phi_p\left(\displaystyle\sum_{i=1}^{n}\alpha_i\right)}\int_0^1 q(s)f(s,\,w(s))\mathrm{d}s,\,0 \right]
$$

因此，由边值条件 (2.46) 和 (2.47) 得

$$
\begin{aligned}
\|Tw\| \leqslant & \frac{\displaystyle\sum_{i=1}^{n}\beta_i\int_{\xi_i}^1 \phi_p^{-1}\left(\frac{\phi_p\left(\displaystyle\sum_{i=1}^{n}\alpha_i\right)\int_0^1 q(s)f(s,\,w)\mathrm{d}s}{1-\phi_p\left(\displaystyle\sum_{i=1}^{n}\alpha_i\right)}+\int_0^s q(r)f(r,\,w)\mathrm{d}r\right)\mathrm{d}s}{1-\displaystyle\sum_{i=1}^{n}\beta_i} \\[4ex]
& +\int_0^1 \phi_p^{-1}\left(\frac{\phi_p\left(\displaystyle\sum_{i=1}^{n}\alpha_i\right)\int_0^1 q(s)f(s,\,w)\mathrm{d}s}{1-\phi_p\left(\displaystyle\sum_{i=1}^{n}\alpha_i\right)}+\int_0^s q(r)f(r,\,w)\mathrm{d}r\right)\mathrm{d}s \\[4ex]
\leqslant & \frac{\displaystyle\sum_{i=1}^{n}\beta_i\int_{\xi_i}^1 \phi_p^{-1}\left(\frac{\phi_p\left(\displaystyle\sum_{i=1}^{n}\alpha_i\right)\int_0^1 q(s)f(s,\,w)\mathrm{d}s}{1-\phi_p\left(\displaystyle\sum_{i=1}^{n}\alpha_i\right)}+\int_0^1 q(r)f(r,\,w)\mathrm{d}r\right)\mathrm{d}s}{1-\displaystyle\sum_{i=1}^{n}\beta_i} \\[4ex]
& +\int_0^1 \phi_p^{-1}\left(\frac{\phi_p\left(\displaystyle\sum_{i=1}^{n}\alpha_i\right)\int_0^1 q(s)f(s,\,w)\mathrm{d}s}{1-\phi_p\left(\displaystyle\sum_{i=1}^{n}\alpha_i\right)}+\int_0^1 q(r)f(r,\,w)\mathrm{d}r\right)\mathrm{d}s
\end{aligned}
$$

$$= \frac{\left(1 - \sum_{i=1}^{n} \beta_i \xi_i\right) \phi_p^{-1}\left(\int_0^1 q(s)f(s, w)\mathrm{d}s\right)}{\left(1 - \sum_{i=1}^{n} \beta_i\right) \phi_p^{-1}\left(1 - \phi_p\left(\sum_{i=1}^{n} \alpha_i\right)\right)}$$

$$\leqslant Aa \frac{\left(1 - \sum_{i=1}^{n} \beta_i \xi_i\right) \phi_p^{-1}\left(\int_0^1 q(s)\mathrm{d}s\right)}{\left(1 - \sum_{i=1}^{n} \beta_i\right) \phi_p^{-1}\left(1 - \phi_p\left(\sum_{i=1}^{n} \alpha_i\right)\right)}$$

$$= a$$

及

$$\|Tw\| \geqslant \frac{\sum_{i=1}^{n} \beta_i \int_{\xi_i}^1 \phi_p^{-1}\left(\int_0^s q(r)f(r, w)\mathrm{d}r\right)\mathrm{d}s}{1 - \sum_{i=1}^{n} \beta_i}$$

$$+ \int_0^1 \phi_p^{-1}\left(\int_0^s q(r)f(r, w)\mathrm{d}r\right)\mathrm{d}s$$

$$\geqslant \frac{\sum_{i=1}^{n} \beta_i \int_{\xi_i}^{\delta} \phi_p^{-1}\left(\int_0^s q(r)f(r, w)\mathrm{d}r\right)\mathrm{d}s}{1 - \sum_{i=1}^{n} \beta_i}$$

$$+ \int_0^{\delta} \phi_p^{-1}\left(\int_0^s q(r)f(r, w)\mathrm{d}r\right)\mathrm{d}s$$

$$\geqslant bB\left[\frac{\sum_{i=1}^{n} \beta_i \int_{\xi_i}^{\delta} \phi_p^{-1}\left(\int_0^s q(r)\mathrm{d}r\right)\mathrm{d}s}{1 - \sum_{i=1}^{n} \beta_i} + \int_0^{\delta} \phi_p^{-1}\left(\int_0^s q(r)\mathrm{d}r\right)\mathrm{d}s\right]$$

$$= bBy(\delta)$$

$$\geqslant b$$

因此, $b \leqslant \|Tw\| \leqslant a$, 即 $TP[b, a] \subset P[b, a]$.

令 $w_0(t) \equiv a$, $t \in [0, 1]$, 则 $w_0(t) \in P[b, a]$.

记 $w_1 = Tw_0$, 则 $w_1 \in P[b, a]$.

记

$$w_{n+1} = Tw_n = T^{n+1}w_0, \quad n = 0, 1, 2, \cdots \tag{2.48}$$

由 $TP[b, a] \subset P[b, a]$, 可知 $w_n \in P[b, a]$ $(n = 0, 1, 2, \cdots)$

由引理 2.4.4, 可知 T 是紧的, 因此, 断定 $\{w_n\}_{n=1}^{\infty}$ 有一个收敛子列 $\{w_{n_k}\}_{k=1}^{\infty}$, 且存在 $w^* \in P[b, a]$, 使得 $w_{n_k} \to w^*$.

由 $w_1 \in P[b, a] \subset P$, 可知

$$0 \leqslant w_1(t) \leqslant \|w\| \leqslant a = w_0(t)$$

由引理 2.4.4, 得

$$Tw_1 \leqslant Tw_0$$

即

$$w_2(t) \leqslant w_1(t), \quad 0 \leqslant t \leqslant 1$$

以此类推, 得

$$w_{n+1}(t) \leqslant w_n(t), 0 \leqslant t \leqslant 1 \quad (n = 0, 1, 2, \cdots)$$

因此, $w_n \to w^*$.

在式 (2.48) 中, 令 $n \to \infty$, 利用 T 的连续性, 得 $Tw^* = w^*$.

既然 $\|w^*\| \geqslant b > 0$, w^* 在 $[0, 1]$ 上非负凹, 断定 $w^*(t) > 0$, $t \in (0, 1)$.

又因为 T 的不动点必是边值问题 (2.38) 和 (2.39) 的解, 因此, w^* 是边值问题 (2.38) 和 (2.39) 的单调下降的正解.

令 $v_0(t) = b(1 - t)$, $t \in [0, 1]$, 则 $\|v_0\| = b$, 且 $v_0 \in P[b, a]$.

记 $v_1 = Tv_0$, 则 $v_1 \in P[b, a]$.

记

$$v_{n+1} = Tv_n = T^{n+1}v_0, \quad n = 0, 1, 2, \cdots$$

类似于 $\{w_n\}_{n=1}^{\infty}$ 的讨论, 可断定 $\{v_n\}_{n=1}^{\infty}$ 有一个收敛子列 $\{v_{n_k}\}_{k=1}^{\infty}$, 且存在 $v^* \in P[b, a]$, 使得 $v_{n_k} \to v^*$.

由 $v_1 \in P[b, a]$ 及 (2.40), 得

$$v_1(t) \geqslant (1-t)\|v_1\| \geqslant b(1-t) = v_0(t), \quad t \in [0, 1]$$

由引理 2.4.4, 可知

$$Tv_1 \geqslant Tv_0$$

即

$$v_2(t) \geqslant v_1(t), \quad 0 \leqslant t \leqslant 1$$

类似, 得

$$v_{n+1}(t) \geqslant v_n(t), \quad 0 \leqslant t \leqslant 1 \ (n = 2, 3, 4, \cdots)$$

因此, 得

$$v_n \to v^*$$

$$Tv^* = v^*, \quad v^*(t) > 0, \quad t \in (0, 1)$$

即 v^* 是边值问题 (2.38) 和 (2.39) 的单调下降的正解.

推论 2.4.1 假设条件 (H1) 和 (H2) 成立, 如果存在常数 $\delta \in [\xi_n, 1]$, 使得

(H5): 对任意 $t \in [0, 1]$, $f(t, \cdot): [0, a] \to [0, +\infty)$ 单调上升;

(H6): $\lim\limits_{l \to 0} \inf\limits_{t \in [0, \delta]} \dfrac{f(t, l)}{l^{p-1}} > \left(\dfrac{B}{1-\delta}\right)^{p-1}$, $\quad \lim\limits_{l \to +\infty} \sup\limits_{t \in [0, 1]} \dfrac{f(t, l)}{l^{p-1}} < A^{p-1}$,

其中, A 和 B 分别如式 (2.45) 中定义, 则存在两个常数 $a > 0$ 和 $b > 0$, 使得边值问题 (2.38) 和 (2.39) 存在单调下降的解 w^*, v^*, 且有

$$b \leqslant \|w^*\| \leqslant a \quad \text{和} \quad \lim_{n \to +\infty} T^n w_0 = w^*, \text{其中 } w_0(t) \equiv a, \quad t \in [0, 1]$$

$$b \leqslant \|v^*\| \leqslant a \quad \text{和} \quad \lim_{n \to +\infty} T^n v_0 = v^*, \text{其中 } v_0(t) = b(1-t), \quad t \in [0, 1]$$

证明: 容易验证条件 (H3) 和 (H4) 可由条件 (H5) 和 (H6) 得到, 证明略.

例 2.4.1 假设 $0 \leqslant k, m < 4$，考虑如下边值问题的迭代正解

$$
\begin{cases}
(|u'|^3 u')'(t) + \dfrac{1}{t(1-t)} \left[(u(t))^m + \ln((u(t))^k + 1) \right] = 0, \quad t \in (0, 1) \\
u'(0) = \displaystyle\sum_{i=1}^{n} \alpha_i u'(\xi_i), \quad u(1) = \sum_{i=1}^{n} \beta_i u(\xi_i)
\end{cases}
\tag{2.49}
$$

解 由推论 2.4.1，可以断定对任意满足条件 (H1) 的 $\xi_i \in (0, 1)$ 和 α_i，β_i，边值问题 (2.49) 存在单调下降的正解，而且，解可通过迭代列来逼近.

2.5 具 p-Laplace 算子的二阶多点边值问题的一般迭代解

在本节中，$I = [0, 1]$，$f \in C[I \times \mathbf{R} \times \mathbf{R}, \ \mathbf{R}]$.

考虑下列多点边值问题迭代解的存在性

$$
(\phi_p(u'))'(t) + f(t, u, Tu) = 0, \quad 0 < t < 1
\tag{2.50}
$$

$$
u'(0) = \sum_{i=1}^{q-1} \gamma_i u(\delta_i), \quad u(1) = \sum_{i=1}^{m-1} \eta_i u(\xi_i)
\tag{2.51}
$$

其中，$\phi_p(s) = |s|^{p-2} s$，$p > 1$ 为 p-Laplace 算子.

$$
0 < \delta_i < 1, \quad \gamma_i > 0, \quad 1 \leqslant i \leqslant q - 1
$$

$$
0 < \xi_i < 1, \quad \eta_i \geqslant 0, \quad 1 \leqslant i \leqslant m - 1
$$

且

$$
\sum_{i=1}^{q-1} \gamma_i < 1, \quad \sum_{i=1}^{m-1} \eta_i \leqslant 1
$$

$$
Tu(t) = \int_0^t k(t, s) u(s) \mathrm{d}s, \quad k(t, s) \in C(I \times I, \ \mathbf{R}^+)
$$

2.5.1 预备工作

为方便起见，假设下列条件成立.

$(C1)$：边值问题 (2.50) 和 (2.51) 存在下解 α_0 和上解 β_0，即 α_0, $\beta_0 \in C[I, \mathbf{R}]$，满足

$$
\begin{cases}
(\phi_p(\alpha_0'))' + f(t, \alpha_0, T\alpha_0) \geqslant 0, & 0 \leqslant t \leqslant 1 \\
\alpha_0(0) \leqslant \displaystyle\sum_{i=1}^{q-1} \gamma_i \alpha_0(\delta_i), & \alpha_0(1) \leqslant \displaystyle\sum_{i=1}^{m-1} \eta_i \alpha_0(\xi_i)
\end{cases}
$$

和

$$
\begin{cases}
(\phi_p(\beta_0'))' + f(t, \beta_0, T\beta_0) \leqslant 0, & 0 \leqslant t \leqslant 1 \\
\beta_0(0) \geqslant \displaystyle\sum_{i=1}^{q-1} \gamma_i \beta_0(\delta_i), & \beta_0(1) \geqslant \displaystyle\sum_{i=1}^{m-1} \eta_i \beta_0(\xi_i)
\end{cases}
$$

并且

$$
\alpha_0 \leqslant \beta_0 \ (\ \text{即} \ \alpha_0(t) \leqslant \beta_0(t),\ t \in I)
$$

$(C2)$：存在常数 K, L 满足

$$
K > 0, \quad L \geqslant 0
$$

$$
K - Lk_0 > 0 \quad \left(k_0 = \max_{(t, s) \in I \times I} k(t, s) \right)
$$

且

$$
f(t, u, Tu) - f(t, v, Tv) \geqslant -K(u - v) + LT(u - v)
$$

对任意的

$$
u, v \in [\alpha_0, \quad \beta_0] = \{u | u \in C[I, \mathbf{R}], \quad \alpha_0 \leqslant u(t) \leqslant \beta_0\}
$$

且

$$
u \geqslant v, \quad t \in I
$$

成立.

当 $p > 1$ 时，$\phi_p(s)$ 关于 s 严格单增，因此，ϕ_p^{-1} 存在.

称 $u(t)$ 是边值问题 (2.50) 和 (2.51) 的解，是指

$$u \in V = \{v | v \in C^1[0,\,1], \quad \phi_p(v') \in C^1[0,\,1]\}$$

且满足边值问题 (2.50) 和 (2.51).

引理 2.5.1　假设存在常数 K，L，满足 $K > 0$，$L \geqslant 0$ 和 $K - Lk_0 > 0$，使得对任意的 u_2，$u_1 \in V$，有下式成立.

$$\begin{cases} (\phi_p(u_2'))' - (\phi_p(u_1'))' \geqslant K(u_2 - u_1) - LT(u_2 - u_1), \quad 0 \leqslant t \leqslant 1 \\[2mm] u_1(0) = \sum_{i=1}^{q-1} \gamma_i u_1(\delta_i), \quad u_1(1) = \sum_{i=1}^{m-1} \eta_i u_1(\xi_i) \\[2mm] u_2(0) \leqslant \sum_{i=1}^{q-1} \gamma_i u_2(\delta_i), \quad u_2(1) \leqslant \sum_{i=1}^{m-1} \eta_i u_2(\xi_i) \end{cases} \tag{2.52}$$

其中，Tu，k_0，$\phi_p(s)$ 的定义同前. 那么，$u_1(t) \geqslant u_2(t)$.

证明： 如果结论不成立，则存在 $t' \in [0,\,1]$，使得

$$(u_1 - u_2)(t') = \min_{t \in I}(u_1 - u_2)(t) < 0$$

可以断定，存在 $t_0 \in (0,\,1)$，使得

$$(u_1 - u_2)(t_0) = \min_{t \in I}(u_1 - u_2)(t) < 0$$

事实上，如果 $t' = 0$，假设对任意的 $\delta_i(i = 1,\,2,\,\cdots,\,q-1)$，都有

$$(u_1 - u_2)(\delta_i) > (u_1 - u_2)(0)$$

则

$$(u_1 - u_2)(0) \geqslant \sum_{i=1}^{q-1} \gamma_i(u_1 - u_2)(\delta_i)$$

$$> \sum_{i=1}^{q-1} \gamma_i(u_1 - u_2)(0)$$

$$> (u_1 - u_2)(0)$$

这是矛盾的.

因此, 如果 $t' = 0$, 必定存在 δ_{i_0}, 使得

$$(u_1 - u_2)(\delta_{i_0}) = (u_1 - u_2)(0)$$

令 $t_0 = \delta_{i_0} \in (0, 1)$.

如果 $t' = 1$, 假设对任意的 $\xi_i(i = 1, 2, \cdots, m-1)$, 都有

$$(u_1 - u_2)(\xi_i) > (u_1 - u_2)(1)$$

一方面, 若存在 $\eta_{i_0} \neq 0$, 则

$$
\begin{aligned}
(u_1 - u_2)(1) &\geqslant \sum_{i=1}^{m-1} \eta_i (u_1 - u_2)(\xi_i) \\
&= \eta_{i_0}(u_1 - u_2)(\xi_{i_0}) + \sum_{i \neq i_0} \eta_i (u_1 - u_2)(\xi_i) \\
&> \sum_{i=1}^{m-1} \eta_i (u_1 - u_2)(1) \\
&\geqslant (u_1 - u_2)(1)
\end{aligned}
$$

矛盾.

另一方面, 如果对任意的 $i \ (i = 1, 2, \cdots, m-1)$, 都有 $\eta_i = 0$, 则

$$(u_1 - u_2)(1) \geqslant \sum_{i=1}^{m-1} \eta_i (u_1 - u_2)(\xi_i) = 0$$

矛盾.

因此, 如果 $t' = 1$, 必定存在 ξ_{i_0}, 使得

$$(u_1 - u_2)(\xi_{i_0}) = (u_1 - u_2)(1)$$

令 $t_0 = \xi_{i_0} \in (0, 1)$. 如果 $t' \in (0, 1)$, 令 $t_0 = t' \in (0, 1)$.

综上, 一定存在 $t_0 \in (0, 1)$, 使得

$$(u_1 - u_2)(t_0) = \min_{t \in I}(u_1 - u_2)(t) < 0$$

从而

$$(u_1 - u_2)'(t_0) = 0 \tag{2.53}$$

且存在 $\delta \in (0, \ \min\{t_0 - \delta, \ t_0\})$，使得

$$(u_1 - u_2)'(t) \leqslant 0, \quad t \in (t_0 - \delta, \quad t_0)$$
$$(u_1 - u_2)'(t) \geqslant 0, \quad t \in (t_0, \quad t_0 + \delta) \tag{2.54}$$

又 $u_1, u_2 \in V$，因此

$$(\phi_p(u_2'(t_0)))' - (\phi_p(u_1'(t_0)))'$$

$$= \lim_{\triangle t \to 0} \frac{\phi_p(u_2'(t_0 + \triangle t)) - \phi_p(u_2'(t_0))}{\triangle t} - \lim_{\triangle t \to 0} \frac{\phi_p(u_1'(t_0 + \triangle t)) - \phi_p(u_1'(t_0))}{\triangle t}$$

$$= \lim_{\triangle t \to 0} \frac{\phi_p(u_2'(t_0 + \triangle t)) - \phi_p(u_1'(t_0 + \triangle t))}{\triangle t}$$

由式 (2.54) 可知，当 $\triangle t > 0$ 时

$$\phi_p(u_2')(t_0 + \triangle t) - \phi_p(u_1')(t_0 + \triangle t) \leqslant 0$$

当 $\triangle t < 0$ 时

$$\phi_p(u_2')(t_0 + \triangle t) - \phi_p(u_1')(t_0 + \triangle t) \geqslant 0$$

从而

$$(\phi_p(u_2'(t_0)))' - (\phi_p(u_1'(t_0)))' \leqslant 0 \tag{2.55}$$

显然

$$K(u_2 - u_1)(t_0) - LT(u_2 - u_1)(t_0)$$

$$= K(u_2 - u_1)t_0 - L \int_0^{t_0} k(t_0, \ s)(u_2 - u_1)(s)\mathrm{d}s$$

$$\geqslant K(u_2 - u_1)(t_0) - Lk_0(u_2 - u_1)(t_0) \tag{2.56}$$

$$= (u_2 - u_1)(t_0)(K - Lk_0)$$

$$> 0$$

由边值问题 (2.55)、(2.56) 和 (2.52)，得

$$0 \geqslant (\phi_p(u_2'(t_0)))' - (\phi_p(u_1'(t_0)))'$$

$$\geqslant K(u_2 - u_1)(t_0) - LT(u_2 - u_1)(t_0) > 0$$

这是矛盾的.

因此，可得结论

$$u_1(t) \geqslant u_2(t), \quad t \in I$$

2.5.2 迭代解的存在性

对 $\forall h \in [\alpha_0, \beta_0]$，记

$$F(t, h) = -f(t, h, Th) - Kh(t) + LTh(t)$$

考虑下列边值问题

$$\begin{cases} (\phi_p(u'))' = F(t, h) + Ku(t) - LTu(t), & 0 \leqslant t \leqslant 1, \\ u(0) = \sum_{i=1}^{q-1} \gamma_i u(\delta_i), \quad u(1) = \sum_{i=1}^{m-1} \eta_i u(\xi_i), \end{cases} \tag{2.57}$$

其中，ϕ_p, η_i, ξ_i $(i = 1, 2, \cdots, m-1)$, γ_i, δ_i $(i = 1, 2, \cdots, q-1)$ 的定义及要求同上，而 K, L 是两个任意常数.

定理 2.5.1 假设 K, L 是两个常数，满足 $K > 0$, $L \geqslant 0$ 和 $K - Lk_0 > 0$. 那么，对任意的 $h \in [\alpha_0, \beta_0]$, (2.57) 有且仅有一个解.

证明：为了运用定理 1.2.8，令

$$X = \left\{ x \in C[0, 1]: x(0) = \sum_{i=1}^{q-1} \gamma_i x(\delta_i) \right\}, \quad Z = C[0, 1], \quad Y = Z \times \mathbf{R}$$

定义

$$M: X \cap \mathrm{dom}M \to Z \times \{0\}$$

为

$$(Mx)(t) = \begin{pmatrix} (\phi_p(x'(t)))' \\ 0 \end{pmatrix}$$

那么

$$\mathrm{Ker}M = \left\{ x = a \begin{pmatrix} \dfrac{1 - \displaystyle\sum_{i=1}^{q-1} \gamma_i}{\displaystyle\sum_{i=1}^{q-1} \gamma_i \delta_i} t + 1 \end{pmatrix} : a \in \mathbf{R} \right\}$$

因此，M 是一个拟线性算子.

令

$$X_1 = \mathrm{Ker}M, \qquad X_2 = \{x \in X : x(0) = 0\}$$

$$Y_1 = \{0\} \times \mathbf{R}, \quad Y_2 = Z \times \{0\}$$

$$\overline{D} = \frac{1 - \displaystyle\sum_{i=1}^{q-1} \gamma_i}{\displaystyle\sum_{i=1}^{q-1} \gamma_i \delta_i}$$

显然

$$\dim X_1 = \dim Y_1 = 1$$

而

$$X = X_1 \oplus X_2, \quad Y = Y_1 \oplus Y_2$$

定义两个投影算子 P 和 Q 分别为

$$P: X \to X_1, \quad Q: Z \to Z_1$$

为

$$Px = x(0)(\overline{D}t + 1)$$

$$Qz = Q \begin{pmatrix} y \\ a \end{pmatrix} = \begin{pmatrix} 0 \\ a \end{pmatrix}$$

记

$$\overline{B} = \left\{ x \subset X \ \middle| \ \|x\| \leqslant D = \frac{2 \max\limits_{0 \leqslant t \leqslant 1} |F(t,\ h)|}{K - Lk_0} \right\}$$

对任意 $\lambda \in [0,\ 1]$，定义 $N_\lambda: \overline{B} \to Z$ 为

$$(N_\lambda u)(t) = \begin{pmatrix} \lambda[F(t,\ h) + Ku(t) - LTu(t)] \\ u(1) - \sum\limits_{i=1}^{m-1} \eta_i u(\xi_i) \end{pmatrix}$$

下面，将证明 N_λ 在 $\overline{B}$ 上是 M-紧的.

显然

$$(I - Q)N_\lambda(\overline{B}) \subset Z \times 0 = \mathrm{Im}M = (I - Q)Y$$

$$QN_\lambda x = 0 \Leftrightarrow QN_1 = 0, \quad \lambda \in (0,\ 1)$$

定义 $J: Y_1 \to X_1$ 为

$$J(0,\ a) = a(\overline{D}t + 1), \quad a \in \mathbf{R}, \quad t \in [0,\ 1]$$

则 $J(0,\ 0) = 0$.

定义 $R: \overline{B} \times [0,\ 1] \to X_2$ 为

$$R(u,\ \lambda) = \frac{\sum\limits_{i=1}^{q-1} \gamma_i \int_0^{\delta_i} \phi_p^{-1} \left(c + \int_0^s \lambda[F(r,\ h) + Ku(r) - LTu(r)]\mathrm{d}r \right) \mathrm{d}s}{1 - \sum\limits_{i=1}^{q-1} \gamma_i}$$

$$+ \int_0^t \phi_p^{-1}(c + \int_0^s \lambda[F(r,\ h) + Ku(r) - LTu(r)]\mathrm{d}r)\mathrm{d}s$$

$$- u(0)(\overline{D}t + 1) \tag{2.58}$$

其中，c 是一个依赖于 $(u,\ \lambda)$ 的常数，且满足

$$R(u,\ \lambda)(0) = 0$$

即

$$\frac{\sum_{i=1}^{q-1} \gamma_i \int_0^{\delta_i} \phi_p^{-1}\left(c + \int_0^s \lambda\left[F(r,\,h) + Ku(r) - LTu(r)\right]\mathrm{d}r\right)\mathrm{d}s}{1 - \sum_{i=1}^{q-1} \gamma_i} = u(0) \quad (2.59)$$

定义 $F(c)\colon \mathbf{R} \to \mathbf{R}$ 如下

$$F(c) = \frac{\sum_{i=1}^{q-1} \gamma_i \int_0^{\delta_i} \phi_p^{-1}\left(c + \int_0^s \lambda[F(r,\,h) + Ku(r) - LTu(r)]\mathrm{d}r\right)\mathrm{d}s}{1 - \sum_{i=1}^{q-1} \gamma_i} - u(0)$$

记

$$A = \max_{s \in I}\left| \int_0^s \lambda[F(r,\,h) + Ku(r) - LTu(r)]\mathrm{d}r \right|$$

显然, $F(c)$ 是连续且严格递增的.

又

$$F(A + \phi_p(\overline{D}u(0))) > 0$$

$$F(-A + \phi_p(\overline{D}u(0))) < 0$$

因此, 存在唯一的 c, 满足

$$F(c) = 0$$

也即, 满足式 (2.59). 而且, 可以证明 c 是连续依赖于 $(u,\,\lambda)$ 的.

因此, 得到 $R\colon \overline{B} \times [0,\,1] \to X_2 \subset X$ 是紧且连续的.

由式 (2.58) 可知, 对

$$u \in S_\lambda = \{u \in \overline{B}|Mu = N_\lambda u\}$$

$$= \{u \in \overline{B}|(\phi_p(u'))' = \lambda[F(t,\,h) + Ku(t) - LTu(t)]\}$$

有

$$R(u,\ \lambda) = \frac{\displaystyle\sum_{i=1}^{q-1}\gamma_i\int_0^{\delta_i}\phi_p^{-1}(c+\phi_p(u'(s))-\phi_p(u'(0)))\mathrm{d}s}{1-\displaystyle\sum_{i=1}^{q-1}\gamma_i}$$

$$+\int_0^t\phi_p^{-1}(c+\phi_p(u'(s))-\phi_p(u'(0)))\mathrm{d}s-u(0)(\overline{D}t+1)$$

若选取 $c=\phi_p(u'(0))$，则

$$R(u,\ \lambda) = u(t)-u(0)\overline{D}t-u(0)$$

从而

$$R(u,\ \lambda)(0)=0$$

如上所证，c 是唯一的，这意味着

$$c=\phi_p(u'(0))$$

因而

$$R(u,\ \lambda) = u(t)-u(0)\overline{D}t-u(0)=(I-P)u(t)$$

同时，有

$$R(u,\ 0) = \frac{\displaystyle\sum_{i=1}^{q-1}\gamma_i\int_0^{\delta_i}\phi_p^{-1}(c)\mathrm{d}s}{1-\displaystyle\sum_{i=1}^{q-1}\gamma_i}+\int_0^t\phi_p^{-1}(c)\mathrm{d}s-u(0)(\overline{D}t+1)$$

$$=\phi_p^{-1}(c)\frac{1}{\overline{D}}+\phi_p^{-1}(c)t-u(0)$$

若选取 $c=\phi_p(\overline{D}u(0))$，则

$$R(u,\ 0)(0)=0$$

如上所证，c 是唯一的，这意味着

$$c = \phi_p(\overline{D}u(0))$$

因而，对任意的 $u \in \overline{B}$，有

$$R(u,\,0) = \frac{\sum\limits_{i=1}^{q-1}\gamma_i\delta_i}{1-\sum\limits_{i=1}^{q-1}\gamma_i}\overline{D}u(0) + \overline{D}u(0)t - u(0)(\overline{D}u(0)t+1) = 0$$

另外，易得

$$M[P + R(u,\,\lambda)] = (I - Q)N_\lambda$$

综上，N_λ 是 M-紧的.

下面，验证定理 1.2.8 的其他条件.

(1) 首先，证明

$$Mu \neq N_\lambda u, \quad \lambda \in (0,\,1), \quad u \in \partial B$$

若不然，存在 $\lambda_0 \in (0,\,1)$ 和 $u \in \partial B$，使得

$$Mu = N_{\lambda_0}u$$

那么存在 $t' \in [0,\,1]$，满足

$$|u(t')| = \max_{t \in I}|u(t)| = D$$

不失一般性，假设 $u(t') = D$. 可以断定，存在 $t_0 \in (0,\,1)$，使得

$$u(t_0) = \max_{t \in I}|u(t)| = D$$

事实上，如果 $t' = 0$，假定对任意的 $\delta_i\ (i = 1,\,2,\,\cdots,\,q-1)$，$u(\delta_i) < u(0)$，因为

$$\sum_{i=1}^{q-1}\gamma_i < 1$$

所以

$$u(0) = \sum_{i=1}^{q-1} \gamma_i u(\delta_i) < \sum_{i=1}^{q-1} \gamma_i u(0) < u(0)$$

矛盾.

因此, 如果 $t' = 0$, 必定存在 δ_{i_0}, 使得

$$u(\delta_{i_0}) = u(0) = D$$

令 $t_0 = \delta_{i_0} \in (0, 1)$.

如果 $t' = 1$, 假定对任意的 $\xi_i \ (i = 1, 2, \cdots, m - 1)$

$$u(\xi_i) < u(1)$$

一方面, 若存在 $\eta_{i_0} \neq 0$, 则

$$u(1) = \sum_{i=1}^{m-1} \eta_i u(\xi_i) = \eta_{i_0} u(\xi_{i_0}) + \sum_{i \neq i_0} \eta_i u(\xi_i) < \sum_{i=1}^{m-1} \eta_i u_1(1) \leqslant u(1)$$

矛盾.

另一方面, 若对任意 $i \ (i = 1, 2, \cdots, m - 1)$ 都有

$$\eta_i = 0$$

则

$$u(1) = \sum_{i=1}^{m-1} \eta_i u(\xi_i) = 0$$

也矛盾.

因此, 如果 $t' = 1$, 必定存在 ξ_{i_0}, 使得

$$u(\xi_{i_0}) = u(1)$$

令 $t_0 = \xi_{i_0} \in (0, 1)$.

如果 $t' \in (0, 1)$, 令 $t_0 = t' \in (0, 1)$.

综上，存在 $t_0 \in (0, 1)$ 使得

$$u(t_0) = \max_{t \in i} |u(t)|$$

因此

$$u'(t_0) = 0$$

且存在 $\delta \in (0, t_0)$，使得

$$u'(t) \geqslant 0, \quad t \in (t_0 - \delta, t_0) \tag{2.60}$$

又

$$(\phi_p(u'(t_0)))'$$
$$= \lambda_0 [F(t_0, h) + Ku(t_0) - LTu(t_0)]$$
$$\geqslant \lambda_0 [D(K - Lk_0) + F(t_0, h)]$$
$$> 0$$

说明

$$\phi_p(u'(t)) < \phi_p(u'(t_0)), \quad t \in (t_0 - \delta, t_0)$$

因此

$$u'(t) < 0, \quad t \in (t_0 - \delta, t_0)$$

这同式 (2.60) 矛盾.

(2) 检验 $\forall x \in \partial B \cap \mathrm{Ker} L$，$QNx \neq 0$.

显见

$$\partial B \cap \mathrm{Ker} L = \partial B \cap X_1 = \left\{ u(t) \,\middle|\, u(t) = \pm \frac{D}{\overline{D} + 1}(\overline{D}t + 1) \right\}$$

对 $\forall x \in \partial B \cap \mathrm{Ker}L$, 有

$$QNx$$

$$= QN\left(\pm\frac{D}{\overline{D}+1}(\overline{D}t+1)\right)$$

$$= \left(\begin{array}{c} 0 \\ \pm\left[\dfrac{D\overline{D}}{\overline{D}+1}\left(1-\displaystyle\sum_{i=1}^{m-1}\eta_i\xi_i\right)+\dfrac{D}{\overline{D}+1}\left(1-\displaystyle\sum_{i=1}^{m-1}\eta_i\right)\right] \end{array}\right)$$

由 $\eta_i \geqslant 0$, $0 < \xi_i < 1$ 和 $0 \leqslant \displaystyle\sum_{i=1}^{m-1}\eta_i \leqslant 1$, 得

$$0 \leqslant \sum_{i=1}^{m-1}\eta_i\xi_i < 1$$

从而

$$\frac{D\overline{D}}{\overline{D}+1}\left(1-\sum_{i=1}^{m-1}\eta_i\xi_i\right)+\frac{D}{\overline{D}+1}\left(1-\sum_{i=1}^{m-1}\eta_i\right) \neq 0$$

因此, $QNx \neq 0$.

(3) 断定 $\deg\{JQN,\ B\cap\mathrm{Ker}M,\ 0\} \neq 0$.

事实上

$$B \cap \mathrm{Ker}M = B \cap X_1 = \left\{u(t) = a(\overline{D}+1)\ \Big|\ a \in \mathbf{R},\ |a| \leqslant \frac{D}{\overline{D}+1}\right\}$$

因此

$$\deg\{JQN,\ B\cap\mathrm{Ker}M,\ 0\}$$

$$= \deg\left\{QNJ,\ \{0\}\times\left(-\frac{D}{\overline{D}+1},\ \frac{D}{\overline{D}+1}\right),\ (0,\,0)\right\}$$

而且

$$QNJ\left(\begin{array}{c} 0 \\ -\dfrac{D}{\overline{D}+1} \end{array}\right) = QN\left(-\frac{D}{\overline{D}+1}(\overline{D}t+1)\right)$$

和

$$QNJ \begin{pmatrix} 0 \\ \dfrac{D}{\overline{D}+1} \end{pmatrix} = QN \left(\dfrac{D}{\overline{D}+1}(\overline{D}t+1) \right)$$

同上，知

$$\frac{D\overline{D}}{\overline{D}+1} \left(1 - \sum_{i=1}^{m-1} \eta_i \xi_i \right) + \frac{D}{\overline{D}+1} \left(1 - \sum_{i=1}^{m-1} \eta_i \right) \neq 0$$

因此

$$\deg\{JQN,\ B \cap \mathrm{Ker}M,\ 0\}$$

$$= \deg \left\{ QNJ,\ \{0\} \times \left(-\frac{D}{\overline{D}+1},\ +\frac{D}{\overline{D}+1} \right),\ (0,\ 0) \right\}$$

$$\neq 0$$

运用定理 1.2.8，得 $Mu = N_1 u$ 在 $\overline{B}$ 中至少有一解，也即，对任意的 $h \in [\alpha_0,\ \beta_0]$，边值问题 (2.57) 至少有一解.

假设 $u_1(t)$ 和 $u_2(t)$ 都是边值问题 (2.57) 相应于 h 的解，那么有

$$\begin{cases} (\phi_p(u_1'))' = F(t,\ h) + Ku_1(t) - LTu_1(t),\quad 0 \leqslant t \leqslant 1 \\ u_1(0) = \displaystyle\sum_{i=1}^{q-1} \gamma_i u_1(\delta_i),\quad u_1(1) = \sum_{i=1}^{m-1} \eta_i u_1(\xi_i) \end{cases} \tag{2.61}$$

和

$$\begin{cases} (\phi_p(u_2'))' = F(t,\ h) + Ku_2(t) - LTu_2(t),\quad 0 \leqslant t \leqslant 1 \\ u_2(0) = \displaystyle\sum_{i=1}^{q-1} \gamma_i u_2(\delta_i),\quad u_2(1) = \sum_{i=1}^{m-1} \eta_i u_2(\xi_i) \end{cases} \tag{2.62}$$

由边值问题 (2.61) 和 (2.62) 可知

$$\begin{cases} (\phi_p(u_2'))' - (\phi_p(u_1'))' = K(u_2 - u_1) - LT(u_2 - u_1), \quad 0 \leqslant t \leqslant 1 \\[2mm] u_1(0) = \sum_{i=1}^{q-1} \gamma_i u_1(\delta_i), \quad u_1(1) = \sum_{i=1}^{m-1} \eta_i u_1(\xi_i) \\[2mm] u_2(0) = \sum_{i=1}^{q-1} \gamma_i u_2(\delta_i), \quad u_2(1) = \sum_{i=1}^{m-1} \eta_i u_2(\xi_i) \end{cases}$$

由引理 2.5.1，易得

$$u_1(t) = u_2(t), \quad t \in [0,\ 1]$$

因此，边值问题 (2.57) 有且仅有一解.

定理 2.5.2 假设条件 $(C1)$ 和 $(C2)$ 成立. 则边值问题 (2.50) 和 (2.51) 在 $[\alpha_0,\ \beta_0]$ 中有解 $\alpha_*(t)$ 和解 $\beta_*(t)$，而且存在 $\{\alpha_n\}$ 和 $\{\beta_n\}$，满足

$$\alpha_0 \leqslant \alpha_1 \leqslant \alpha_2 \leqslant \cdots \leqslant \alpha_n \leqslant \cdots \leqslant \beta_n \leqslant \cdots \leqslant \beta_2 \leqslant \beta_1 \leqslant \beta_0$$

$$\begin{cases} (\phi_p(\alpha_n'))' = F(t,\ \alpha_{n-1}) + K\alpha_n - LT\alpha_n\ , \quad 0 \leqslant t \leqslant 1 \\[2mm] \alpha_n(0) = \sum_{i=1}^{q-1} \gamma_i \alpha_n(\delta_i), \quad \alpha_n(1) = \sum_{i=1}^{m-1} \eta_i \alpha_n(\xi_i) \end{cases}$$

$$\begin{cases} (\phi_p(\beta_n'))' = F(t,\ \beta_{n-1}) + K\beta_n - LT\beta_n, \quad 0 \leqslant t \leqslant 1 \\[2mm] \beta_n(0) = \sum_{i=1}^{q-1} \gamma_i \beta_n(\delta_i), \quad \beta_n(1) = \sum_{i=1}^{m-1} \eta_i \beta_n(\xi_i) \end{cases}$$

和

$$\alpha_n \to \alpha_*, \quad \beta_n \to \beta_*$$

证明： 对任意 $h \in [\alpha_0,\ \beta_0]$，定义算子 A 为

$$Ah = u$$

其中，u 是边值问题 (2.57) 相应于 h 的唯一解.

首先，证明

$$\alpha_0 \leqslant A\alpha_0 = \alpha_1, \quad \beta_1 = A\beta_0 \leqslant \beta_0$$

由 A 的定义及边值问题 (2.57) 可知

$$
\begin{cases}
(\phi_p(\alpha_1'))' = F(t, \alpha_0) + K\alpha_1 - LT\alpha_1, & 0 \leqslant t \leqslant 1 \\
\alpha_1(0) = \displaystyle\sum_{i=1}^{q-1} \gamma_i \alpha_1(\delta_i), \quad \alpha_1(1) = \displaystyle\sum_{i=1}^{m-1} \eta_i \alpha_1(\xi_i)
\end{cases}
$$

由条件 $(C1)$ 可知

$$
\begin{cases}
(\phi_p(\alpha_0'))' - (\phi_p(\alpha_1'))' \geqslant K(\alpha_0 - \alpha_1) - LT(\alpha_0 - \alpha_1), & 0 \leqslant t \leqslant 1 \\
\alpha_1(0) = \displaystyle\sum_{i=1}^{q-1} \gamma_i \alpha_1(\delta_i), \quad \alpha_1(1) = \displaystyle\sum_{i=1}^{m-1} \eta_i \alpha_1(\xi_i) \\
\alpha_0(0) \leqslant \displaystyle\sum_{i=1}^{q-1} \gamma_i \alpha_0(\delta_i), \quad \alpha_0(1) \leqslant \displaystyle\sum_{i=1}^{m-1} \eta_i \alpha_0(\xi_i)
\end{cases}
$$

由引理 2.5.1 可知

$$
\alpha_0(t) \leqslant \alpha_1(t) = A\alpha_0(t), \quad t \in I
$$

同理可证

$$
\beta_1 = A\beta_0 \leqslant \beta_0, \quad t \in I
$$

其次，证明 A 在 $[\alpha_0, \beta_0]$ 上是单调上升的.

假设 $h_1, h_2 \in [\alpha_0, \beta_0]$，且 $h_1 \geqslant h_2$. 令 $u_1 = Ah_1$, $u_2 = Ah_2$.

由 A 的定义及边值问题 (2.57)，得

$$
\begin{cases}
(\phi_p(u_1'))' = F(t, h_1) + Ku_1(t) - LTu_1(t), & 0 \leqslant t \leqslant 1 \\
u_1(0) = \displaystyle\sum_{i=1}^{q-1} \gamma_i u_1(\delta_i), \quad u_1(1) = \displaystyle\sum_{i=1}^{m-1} \eta_i u_1(\xi_i)
\end{cases}
$$

和

$$
\begin{cases}
(\phi_p(u_2'))' = F(t, h_2) + Ku_2(t) - LTu_2(t), & 0 \leqslant t \leqslant 1 \\
u_2(0) = \displaystyle\sum_{i=1}^{q-1} \gamma_i u_2(\delta_i), \quad u_2(1) = \displaystyle\sum_{i=1}^{m-1} \eta_i u_2(\xi_i)
\end{cases}
$$

由条件 $(C2)$ 可知

$$
\begin{cases}
(\phi_p(u_2)')' - (\phi_p(u_1)')' \geqslant K(u_2 - u_1) - LT(u_2 - u_1), \quad 0 \leqslant t \leqslant 1 \\
u_1(0) = \displaystyle\sum_{i=1}^{q-1} \gamma_i u_1(\delta_i), \quad u_1(1) = \displaystyle\sum_{i=1}^{m-1} \eta_i u(\xi_i) \\
u_2(0) = \displaystyle\sum_{i=1}^{q-1} \gamma_i u_2(\delta_i), \quad u_2(1) = \displaystyle\sum_{i=1}^{m-1} \eta_i u(\xi_i)
\end{cases}
$$

由引理 2.5.1 可知

$$
u_2(t) \leqslant u_1(t), \quad t \in I
$$

因此, A 是单调上升的.

最后, 令

$$
\alpha_n = A\alpha_{n-1}, \quad \beta_n = A\beta_{n-1} \ (n = 1, 2, \cdots)
$$

则有

$$
\alpha_0 \leqslant \alpha_1 \leqslant \alpha_2 \leqslant \cdots \leqslant \alpha_n \leqslant \cdots \leqslant \beta_n \leqslant \cdots \leqslant \beta_2 \leqslant \beta_1 \leqslant \beta_0 \tag{2.63}
$$

$$
\begin{cases}
(\phi_p(\alpha_n'))' = F(t, \alpha_{n-1}) + K\alpha_n - LT\alpha_n, \quad 0 \leqslant t \leqslant 1 \\
\alpha_n(0) = \displaystyle\sum_{i=1}^{q-1} \gamma_i \alpha_n(\delta_i), \quad \alpha_n(1) = \displaystyle\sum_{i=1}^{m-1} \eta_i \alpha_n(\xi_i)
\end{cases} \tag{2.64}
$$

$$
\begin{cases}
(\phi_p(\beta_n'))' = F(t, \beta_{n-1}) + K\beta_n - LT\beta_n, \quad 0 \leqslant t \leqslant 1 \\
\beta_n(0) = \displaystyle\sum_{i=1}^{q-1} \gamma_i \beta_n(\delta_i), \quad \beta_n(1) = \displaystyle\sum_{i=1}^{m-1} \eta_i \beta_n(\xi_i)
\end{cases} \tag{2.65}
$$

由式 (2.63), 可知 $\{\alpha_n\}$ 是一致有界的.

记

$$
f_\alpha^n(t) =: \ -f(t, \alpha_{n-1}, T\alpha_{n-1}) - K\alpha_{n-1}(t) + LT\alpha_{n-1}(t) + K\alpha_n(t) - LT\alpha_n(t)
$$

对边值问题 (2.64) 的第一式从 0 到 t 积分，得

$$\phi_p(\alpha_n'(t)) = c_n + \int_0^t f_\alpha^n(\tau)\mathrm{d}\tau \tag{2.66}$$

因此

$$\alpha_n'(t) = \phi_p^{-1}\left(c_n + \int_0^t f_\alpha^n(\tau)\mathrm{d}\tau\right) \tag{2.67}$$

对式 (2.67) 从 0 到 t 积分，结合边界条件

$$\alpha_n(0) = \sum_{i=1}^{q-1} \gamma_i \alpha_n(\delta_i)$$

得

$$\alpha_n(t) = \frac{\displaystyle\sum_{i=1}^{q-1} \gamma_i \int_0^{\delta_i} \phi_p^{-1}\left(c_n + \int_0^s f_\alpha^n(\tau)\mathrm{d}\tau\right)\mathrm{d}s}{1 - \displaystyle\sum_{i=1}^{q-1}\gamma_i}$$
$$+ \int_0^t \phi_p^{-1}\left(c_n + \int_0^s f_\alpha^n(\tau)\mathrm{d}\tau\right)\mathrm{d}s$$

其中，c_n 满足 $\alpha_n(1) = \displaystyle\sum_{i=1}^{m-1}\eta_i\alpha_n(\xi_i)$，也即

$$\frac{\displaystyle\sum_{i=1}^{q-1} \gamma_i \int_0^{\delta_i} \phi_p^{-1}\left(c_n + \int_0^s f_\alpha^n(\tau)\mathrm{d}\tau\right)\mathrm{d}s}{1 - \displaystyle\sum_{i=1}^{q-1}\gamma_i} + \int_0^1 \phi_p^{-1}\left(c_n + \int_0^s f_\alpha^n(\tau)\mathrm{d}\tau\right)\mathrm{d}s$$

$$= \sum_{i=1}^{m-1}\eta_i\left\{\frac{\displaystyle\sum_{i=1}^{q-1} \gamma_i \int_0^{\delta_i} \phi_p^{-1}\left(c_n + \int_0^s f_\alpha^n(\tau)\mathrm{d}\tau\right)\mathrm{d}s}{1 - \displaystyle\sum_{i=1}^{q-1}\gamma_i} + \int_0^{\xi_i} \phi_p^{-1}\left(c_n + \int_0^s f_\alpha^n(\tau)\mathrm{d}\tau\right)\mathrm{d}s\right\}$$

$$\tag{2.68}$$

考虑到 $0 \leqslant \sum\limits_{i=1}^{m-1} \eta_i \leqslant 1$，将式 (2.68) 改写成如下形式

$$
\begin{aligned}
&\frac{1 - \sum\limits_{i=1}^{m-1} \eta_i}{1 - \sum\limits_{i=1}^{q-1} \gamma_i} \sum_{i=1}^{q-1} \gamma_i \int_0^{\delta_i} \phi_p^{-1}\left(c_n + \int_0^s f_\alpha^n(\tau)\mathrm{d}\tau\right)\mathrm{d}s \\
&+ \left(1 - \sum_{i=1}^{m-1} \eta_i\right) \int_0^1 \phi_p^{-1}\left(c_n + \int_0^s f_\alpha^n(\tau)\mathrm{d}\tau\right)\mathrm{d}s \\
&+ \sum_{i=1}^{m-1} \eta_i \int_{\xi_i}^1 \phi_p^{-1}\left(c_n + \int_0^s f_\alpha^n(\tau)\mathrm{d}\tau\right)\mathrm{d}s = 0
\end{aligned}
\tag{2.69}
$$

下面，证明对任意给定的 n，式 (2.69) 有唯一的解 c_n.

令

$$
A_n = \max_{0 \leqslant s \leqslant 1} \left| \int_0^s f_\alpha^n(\tau)\mathrm{d}\tau \right|
$$

$$
\begin{aligned}
F(c) =& \frac{1 - \sum\limits_{i=1}^{m-1} \eta_i}{1 - \sum\limits_{i=1}^{q-1} \gamma_i} \sum_{i=1}^{q-1} \gamma_i \int_0^{\delta_i} \phi_p^{-1}\left(c + \int_0^s f_\alpha^n(\tau)\mathrm{d}\tau\right)\mathrm{d}s \\
&+ \left(1 - \sum_{i=1}^{m-1} \eta_i\right) \int_0^1 \phi_p^{-1}\left(c + \int_0^s f_\alpha^n(\tau)\mathrm{d}\tau\right)\mathrm{d}s \\
&+ \sum_{i=1}^{m-1} \eta_i \int_{\xi_i}^1 \phi_p^{-1}\left(c + \int_0^s f_\alpha^n(\tau)\mathrm{d}\tau\right)\mathrm{d}s
\end{aligned}
$$

显然，$F(c)$ 在 $[-A_n, A_n]$ 上是严格单增的. 又

$$
F(-A_n) \leqslant 0 \leqslant F(A_n)
$$

因此，存在唯一的 $c_n \in [-A_n, A_n]$，满足式 (2.69).

由 $\{\alpha_n\}$ 一致有界，结合 f 连续，可知 $\{f_\alpha^n\}$ 一致有界.

从而，$\{A_n\}$ 是一致有界的.

因此，$\{c_n\}$ 是一致有界的.

根据式 (2.67)，易得 $\{\alpha'_n(t)\}$ 是一致有界的，也即 $\{\alpha_n\}$ 是等度连续的.

对序列 $\{\alpha_n\}$ 应用 Ascoli-Arzela 定理，可知存在 $\{\alpha_n\}$ 的一个子列 $\{\alpha_{n_k}\}$ 一致收敛到 α_*. 而由 $\{\alpha_n\}$ 的单调性，可知 $\{\alpha_n\}$ 也一致收敛到 α_*.

既然 $\{\alpha_n\}$ 和 $\{c_n\}$ 是一致有界的，结合边值问题 (2.64) 和式 (2.66)，分别得到 $\{(\phi(\alpha'_n))'\}$ 和 $\{\phi_p(\alpha'_n)\}$ 一致有界.

对序列 $\{\phi_p(\alpha'_n)\}$ 应用 Ascoli-Arzela 定理，可知存在 $\{\phi_p(\alpha'_{n_k})\}$ 一致收敛到 $\phi_p(\alpha'_*)$.

又 ϕ_p^{-1} 存在且连续，因此，$\{\alpha'_{n_k}\}$ 也一致收敛到 α'_*.

在边值问题 (2.64) 中，令 $n = n_k$，得

$$\begin{cases} (\phi_p(\alpha'_{n_k}))' = F(t, \alpha_{n_k-1}) + K\alpha_{n_k} - LT\alpha_{n_k}, & 0 \leqslant t \leqslant 1 \\ \alpha_{n_k}(0) = \displaystyle\sum_{i=1}^{q-1} \gamma_i \alpha_{n_k}(\delta_i), \quad \alpha_{n_k}(1) = \sum_{i=1}^{m-1} \eta_i \alpha_{n_k}(\xi_i) \end{cases} \tag{2.70}$$

在边值问题 (2.70) 中，令 $n_k \to \infty$，得

$$\begin{cases} (\phi_p(\alpha'_*))' = -f(t, \alpha_*, T\alpha_*) \\ \alpha_*(0) = \displaystyle\sum_{i=1}^{q-1} \gamma_i \alpha_*(\delta_i), \quad \alpha_*(1) = \sum_{i=1}^{m-1} \eta_i \alpha_*(\xi_i) \end{cases}$$

也即，α_* 是边值问题 (2.50) 和 (2.51) 的迭代解.

同理可证，存在 β_* 是边值问题 (2.50) 和 (2.51) 的解，且有 $\beta_n \to \beta_*$.

注 2.5.1 从定理 2.5.2 的条件易得一些稍简单的边值问题，例如边值问题

$$\begin{cases} (\phi_p(u'))' + f(t, u, Tu) = 0, & 0 \leqslant t \leqslant 1 \\ u(0) = \displaystyle\sum_{i=1}^{q-1} \gamma_i u(\delta_i), \quad u(1) = 0 \end{cases}$$

其中

$$0 < \delta_i < 1, \ \gamma_i > 0 \ (1 \leqslant i \leqslant q-1), \quad \text{且} \ \sum_{i=1}^{q-1} \gamma_i < 1$$

或者边值问题

$$
\begin{cases}
(\phi_p(u'))' + f(t, \ u, \ Tu) = 0, \quad 0 \leqslant t \leqslant 1 \\
u(0) = \sum_{i=1}^{q-1} \gamma_i u(\delta_i), \quad u(1) = u(\xi)
\end{cases}
$$

其中

$$0 < \xi < 1, \ 0 < \delta_i < 1, \ \gamma_i > 0 \ (1 \leqslant i \leqslant q-1), \quad \text{且} \ \sum_{i=1}^{q-1} \gamma_i < 1$$

以及边值问题

$$
\begin{cases}
u'' + f(t, \ u, \ Tu) = 0, \quad 0 \leqslant t \leqslant 1 \\
u(0) = \sum_{i=1}^{q-1} \gamma_i u(\delta_i), \quad u(1) = \sum_{i=1}^{m-1} \eta_i u(\xi_i)
\end{cases}
$$

其中

$$0 < \delta_i < 1, \ \gamma_i > 0 \ (1 \leqslant i \leqslant q-1)$$

$$0 < \xi_i < 1, \ \eta_i \geqslant 0 \ (1 \leqslant i \leqslant m-1)$$

$$\text{且} \ \sum_{i=1}^{q-1} \gamma_i < 1, \quad \sum_{i=1}^{m-1} \eta_i \leqslant 1$$

都可以作为定理 2.5.2 的特殊情况.

例 2.5.1 考虑下列微分方程的迭代解

$$
\begin{cases}
(|u'|u'))' - 4u = 0, \quad 0 \leqslant t \leqslant 1 \\
u(0) = \gamma_1 u\left(\dfrac{1}{4}\right) + \gamma_2\left(\dfrac{1}{2}\right), \quad u(1) = \eta_1 u\left(\dfrac{1}{4}\right) + \eta_2\left(\dfrac{1}{2}\right)
\end{cases}
\tag{2.71}
$$

其中，$\gamma_1 > 0, \ \gamma_2 > 0, \ \gamma_1 + \gamma_2 < 1; \ \eta_1 > 0, \ \eta_2 > 0, \ \eta_1 + \eta_1 \leqslant 1$.

解 比较边值问题 (2.50)、(2.51) 和 (2.71) 可知，$p = 3$，$f(t,\, u,\, Tu) = -4u$. 可以验证

$$\alpha_0(t) = -t^2 + t - 1, \quad t \in I$$

和

$$\beta_0(t) \equiv 1, \quad t \in I$$

分别是边值问题 (2.71) 的下解和上解，并且

$$\alpha_0 \leqslant \beta_0, \quad t \in I$$

从而，条件 $(C1)$ 满足.

取 $K \geqslant 4$，$L = 0$，显然条件 $(C2)$ 满足.

根据定理 2.5.2，边值问题 (2.71) 存在两个解，并且这两个解可分别由 α_0 和 β_0 作为首项迭代而得.

第 3 章

三阶微分方程边值问题迭代解

在过去的几十年中，有大量的工作来研究二阶两点边值问题，这是因为该类边值问题有广泛的应用背景，譬如用来描述物理的、生物的和化学的现象. 而三阶边值问题的研究结果相对少些.

本章就三阶微分方程在两点边界条件、多点边界条件和 Stieltjes 积分边界条件下的边值问题进行研究. 本章三节内容分别取材于参考文献 [43]—[46]，更多有关三阶常微分方程边值问题的解的讨论，请参看参考文献 [47]—[60] 及其相关内容.

3.1 三阶两点边值问题的迭代正解

本节讨论如下三阶两点边值问题

$$u'''(t) + q(t)f(t, u(t), u'(t), u''(t)) = 0, \quad 0 < t < 1 \qquad (3.1)$$

$$u(0) = u'(1) = u''(0) = 0 \qquad (3.2)$$

或 $$u(1) = u'(0) = u''(0) = 0 \qquad (3.3)$$

或 $$u(0) = u(1) = u''(0) = 0 \qquad (3.4)$$

这里，函数 u^* 称为边值问题 (3.1) 和 (3.2) 或者边值问题 (3.1) 和 (3.3) 或者边值问题 (3.1) 和 (3.4) 的正解，如果 u^* 满足边值问题，且 $u^*(t) > 0, 0 < t < 1$.

在本节中，我们总假设

(H)：$f(t, x, y, z) \in C([0, 1] \times [0, +\infty) \times R^2 \to [0, +\infty))$，$q(t)$ 是 $(0, 1)$ 上的非负连续泛函，且在 $[0, 1]$ 的任意子区间上满足 $q(t) \not\equiv 0$. 另外，$\int_0^1 q(t)\mathrm{d}t < +\infty$.

3.1.1 边值问题 (3.1) 和 (3.2) 的迭代正解

考虑 Banach 空间 $E = C^2[0, 1]$，定义其范数为

$$\|u\| := \max \left\{ \max_{0 \leqslant t \leqslant 1} |u(t)|, \ \max_{0 \leqslant t \leqslant 1} |u'(t)|, \ \max_{0 \leqslant t \leqslant 1} |u''(t)| \right\}$$

定义锥 $P_1 \subset E$ 为

$$P_1 = \{u \in E| \ u(t) \geqslant 0, \ \text{且 } u \text{ 是 } [0, 1]\text{上不减的凹泛函}\}$$

引理 3.1.1 令 $g \in L^1[0, 1]$，则如下边值问题

$$\begin{cases} u'''(t) + g(t) = 0, & 0 < t < 1 \\ u(0) = u'(1) = u''(0) = 0 \end{cases}$$

有唯一解

$$u(t) = \int_0^1 G_1(t, s)g(s)\mathrm{d}s$$

其中

$$G_1(t, s) = \begin{cases} t(1 - s) - \dfrac{1}{2}(t - s)^2, & 0 \leqslant s \leqslant t \leqslant 1 \\ t(1 - s), & 0 \leqslant t \leqslant s \leqslant 1 \end{cases} \tag{3.5}$$

易知

$$0 \leqslant G_1(t, s) \leqslant G_1(1, s) = \frac{1}{2}(1 - s^2)$$

定义算子 $T_1: P_1 \to E$ 为

$$(T_1 u)(t) = \int_0^1 G_1(t, s)q(s)f(s, u(s), u'(s), u''(s))\mathrm{d}s \tag{3.6}$$

则由引理 3.1.1 可知，边值问题 (3.1) 和 (3.2) 有解 $u = u(t)$，当且仅当 u 是 T_1 的不动点.

引理 3.1.2 对于式 (3.5) 中定义的算子 T_1: $P_1 \to P_1$ 是全连续算子.

证明：由 T_1 的定义易知，对于 $\forall u \in P_1$，有 $T_1 u \in C^2[0, 1]$，并且满足边值问题 (3.1)-(3.2).

由引理 3.1.1 得

$$(T_1 u)''(t) = -\int_0^t q(s) f(s, u(s), u'(s), u''(s)) \mathrm{d}s$$

$$(T_1 u)'(t) = \int_0^t (s-t) q(s) f(s, u(s), u'(s), u''(s)) \mathrm{d}s$$
$$+ \int_0^1 (1-s) q(s) f(s, u(s), u'(s), u''(s)) \mathrm{d}s$$

可以得到，对于 $0 \leqslant t \leqslant 1$，有

$$(T_1 u)''(t) \leqslant 0$$

$$(T_1 u)'(t) \geqslant 0$$

所以，$T_1 u$ 是凹的，且 $(T_1 u)(t)$ 在 $[0, 1]$ 上不减，则

$$(T_1 u)(t) \geqslant (T_1 u)(0) = 0, \quad 0 \leqslant t \leqslant 1$$

由此，

$$T_1: \ P_1 \to P_1$$

接着讨论 T_1 的全连续性. T_1 的连续性易得，来看 T_1 的紧性. 令 $\Omega \subset P_1$ 是有界集，易证 $T_1 \Omega$ 是有界的并且是一致连续的，因此，由 Arzela-Ascoli 定理可知，$T_1 \Omega$ 是相对紧集，也即 T_1 是紧算子.

从而得到，T_1: $P_1 \to P_1$ 是全连续算子.

定理 3.1.1 假设条件 (H) 成立，而且存在常数 $a > 0$，使得

(H_1): $f(t, x_1, y_1, z_1) \leqslant f(t, x_2, y_2, z_2)$ 对任意的 $0 \leqslant t \leqslant 1$, $0 \leqslant x_1 \leqslant$
$x_2 \leqslant a$, $0 \leqslant y_1 \leqslant y_2 \leqslant a$, $-a \leqslant z_2 \leqslant z_1 \leqslant 0$;

(H_2)：$\displaystyle\max_{0\leqslant t\leqslant 1} f(t,\,a,\,a,\,-a)\leqslant \dfrac{a}{A}$，其中 $A=\displaystyle\int_0^1 q(s)\mathrm{d}s$；

(H_3)：$f(t,\,0,\,0,\,0)\not\equiv 0$，$0\leqslant t\leqslant 1$.

则边值问题 (3.1) 和 (3.2) 存在单调不减的凹的正解 w^* 和 v^*，满足：

$$0<w^*\leqslant a,\quad 0\leqslant (w^*)'\leqslant a,\quad -a\leqslant (w^*)''\leqslant 0$$

且 $\displaystyle\lim_{n\to\infty} w_n=\lim_{n\to\infty} T_1^n w_0=w^*,\quad \lim_{n\to\infty}(w_n)'=\lim_{n\to\infty}(T_1^n w_0)'=(w^*)'$

$$\lim_{n\to\infty}(w_n)''=\lim_{n\to\infty}(T_1^n w_0)''=(w^*)''$$

其中 $w_0(t)=at\left(1-\dfrac{t}{2}\right),\qquad 0\leqslant t\leqslant 1$

和

$$0<v^*\leqslant a,\quad 0\leqslant (v^*)'\leqslant a,\quad -a\leqslant (v^*)''\leqslant 0$$

且 $\displaystyle\lim_{n\to\infty} v_n=\lim_{n\to\infty} T_1^n v_0=v^*,\quad \lim_{n\to\infty}(v_n)'=\lim_{n\to\infty}(T_1^n v_0)'=(v^*)'$

$$\lim_{n\to\infty}(v_n)''=\lim_{n\to\infty}(T_1^n v_0)''=(v^*)''$$

其中 $v_0(t)=0,\quad 0\leqslant t\leqslant 1$

其中，$(T_1 u)(t)$ 如式 (3.6) 所定义.

此定理中的迭代序列为 $w_0(t)=at\left(1-\dfrac{t}{2}\right)$，$w_{n+1}=T_1 w_n=T_1^n w_0$，$n=0,\,1,\,2,\,\cdots$ 和 $v_0(t)=0$，$v_{n+1}=T_1 v_n=T_1^n v_0$，$n=0,\,1,\,2,\,\cdots$. 它们分别是从一个简单的二次函数和零函数开始迭代的.

证明：记

$$\overline{P_a}=\{u\in P_1\mid \|u\|\leqslant a\}$$

首先，来证明

$$T_1\colon\ \overline{P_a}\to\overline{P_a}$$

若 $u \in \overline{P_a}$，则

$$0 \leqslant u(t) \leqslant u(1) = \max_{0 \leqslant t \leqslant 1} |u(t)| \leqslant \|u\|_1 \leqslant a$$

$$0 = u'(1) \leqslant u'(t) \leqslant \max_{0 \leqslant t \leqslant 1} |u'(t)| \leqslant \|u\|_1 \leqslant a$$

$$-a \leqslant -\|u\|_1 \leqslant -\max_{0 \leqslant t \leqslant 1} |u''(t)| \leqslant u''(t) \leqslant u''(0) = 0$$

由条件 (H_1) 和 (H_2) 可知

$$0 \leqslant f(t, \, u(t), \, u'(t), \, u''(t))$$

$$\leqslant f(t, \, a, \, a, \, -a)$$

$$\leqslant \max_{0 \leqslant t \leqslant 1} f(t, \, a, \, a, \, -a)$$

$$\leqslant \frac{a}{A}, \quad 0 \leqslant t \leqslant 1$$

因为

$$(T_1 u)(1) = \int_0^1 G_1(1, \, s) q(s) f(s, \, u(s), \, u'(s), \, u''(s)) \mathrm{d}s$$

$$\leqslant \frac{a}{A} \frac{1}{2} \int_0^1 q(s) \mathrm{d}s < a$$

$$(T_1 u)'(0) = \int_0^1 (1-s) q(s) f(s, \, u(s), \, u'(s), \, u''(s)) \mathrm{d}s$$

$$\leqslant \frac{a}{A} \int_0^1 q(s) \mathrm{d}s = a$$

以及

$$-(T_1 u)''(1) = \int_0^1 q(s) f(s, \, u(s), \, u'(s), \, u''(s)) \mathrm{d}s$$

$$\leqslant \frac{a}{A} \int_0^1 q(s) \mathrm{d}s = a$$

由此得到

$$\|T_1 u\| \leqslant a$$

所以
$$T_1: \overline{P_a} \to \overline{P_a}$$

根据条件 (H_1)，对于任意的 $u_i \in P_1$ $(i = 1, 2)$，如果

$$u_1 \leqslant u_2, \quad u_1' \leqslant u_2'$$

以及

$$u_1'' \geqslant u_2''$$

易得

$$T_1 u_1 \leqslant T_1 u_2, \quad (T_1 u_1)' \leqslant (T_1 u_2)'$$

和

$$(T_1 u_1)'' \geqslant (T_1 u_2)''$$

取 $w_0(t) = at\left(1 - \dfrac{t}{2}\right)$，$0 \leqslant t \leqslant 1$，则 $w_0(t) \in \overline{P_a}$.

令 $w_1 = T_1 w_0$，则 $w_1 \in \overline{P_a}$.

记 $w_{n+1} = T_1 w_n$，$n = 0, 1, 2, \cdots$

由于 $T_1: \overline{P_a} \to \overline{P_a}$，可得 $w_n \subseteq \overline{P_a}$，$n = 1, 2, \cdots$

又因 T_1 是全连续的，于是我们断言 $\{w_n\}_{n=1}^{\infty}$ 有一个收敛子列 $\{w_{n_k}\}_{k=1}^{\infty}$ 和 $w^* \in \overline{P_a}$，使得 $w_{n_k} \to w^*$.

由于

$$w_1(t) = T_1 w_0(t)$$
$$= \int_0^1 G_1(t, s)q(s)f(s, w_0(s), w_0'(s), w_0''(s))\mathrm{d}s$$
$$\leqslant at\left(1 - \frac{t}{2}\right) = w_0(t), \quad 0 \leqslant t \leqslant 1$$

$$w_1'(t) = (T_1 w_0)'(t)$$
$$= \int_0^t (s - t)q(s)f(s, w_0(s), w_0'(s), w_0''(s))\mathrm{d}s$$

$$+ \int_0^1 (1-s)q(s)f(s, w_0(s), w_0'(s), w_0''(s))\mathrm{d}s$$

$$\leqslant a(1-t) = w_0'(t), \quad 0 \leqslant t \leqslant 1$$

以及

$$w_1''(t) = T_1 w_0)''(t)$$

$$= - \int_0^t q(s)f(s, w_0(s), w_0'(s), w_0''(s))\mathrm{d}s$$

$$\geqslant -a = w_0''(t), \quad 0 \leqslant t \leqslant 1$$

可得

$$w_2(t) = T_1 w_1(t) \leqslant T_1 w_0(t) = w_1(t), \quad 0 \leqslant t \leqslant 1$$

$$w_2'(t) = (T_1 w_1)'(t) \leqslant (T_1 w_0)'(t) = w_1'(t), \quad 0 \leqslant t \leqslant 1$$

$$w_2''(t) = (T_1 w_1)''(t) \geqslant (T_1 w_0)''(t) = w_1''(t), \quad 0 \leqslant t \leqslant 1$$

以此类推, 得

$$w_{n+1} \leqslant w_n, \quad w_{n+1}'(t) \leqslant w_n'(t)$$

$$w_{n+1}''(t) \geqslant w_n''(t), \quad 0 \leqslant t \leqslant 1, \quad n = 0, 1, 2, \cdots$$

由此, 得

$$w_n \to w^*$$

利用算子 T_1 的连续性, 得

$$T_1 w^* = w^*$$

另一种迭代途径是从零函数开始迭代.

取 $v_0(t) = 0, 0 \leqslant t \leqslant 1$, 则 $v_0(t) \in \overline{P_a}$.

令 $v_1 = T_1 v_0$, 则 $v_1 \in \overline{P_a}$.

记 $v_{n+1} = T_1 v_n$, $n = 0, 1, 2, \cdots$

由于 $T_1 \colon \overline{P_a} \to \overline{P_a}$, 则 $v_n \subseteq \overline{P_a}$, $n = 1, 2, \cdots$

又因 T_1 是全连续的, 易证 $\{v_n\}_{n=1}^{\infty}$ 是等度连续的.

因为 $v_1 = T_1 v_0 \in \overline{P_a}$, 则

$$v_1(t) = T_1 v_0(t) \geqslant 0, \qquad v_1'(t) = T_1 v_0'(t) \geqslant 0$$

$$v_1''(t) = (T_1 v_0)''(t) \leqslant 0, \qquad 0 \leqslant t \leqslant 1$$

由此

$$v_2(t) \geqslant v_1(t), \qquad v_2'(t) \geqslant v_1'(t)$$

$$v_2''(t) \leqslant v_1''(t), \qquad 0 \leqslant t \leqslant 1$$

以此类推, 可得

$$v_{n+1} \geqslant v_n, \qquad v_{n+1}'(t) \geqslant v_n'(t)$$

$$v_{n+1}''(t) \leqslant v_n''(t), \qquad 0 \leqslant t \leqslant 1, \qquad n = 0, 1, 2, \cdots$$

由此, 得 $v_n \to v^*$.

利用算子 T_1 的连续性得, $T_1 v^* = v^*$.

条件 (H$_3$) 表明, $f(t, 0, 0) \not\equiv 0$, $0 \leqslant t \leqslant 1$, 则零解不是边值问题 (3.1) 和 (3.2) 的解. 因此, $\max\limits_{0 \leqslant t \leqslant 1} |v^*(t)| > 0$, 则

$$v^* \geqslant \min\{t, 1 - t\} \max\limits_{0 \leqslant t \leqslant 1} |v^*(t)| > 0, \qquad 0 < t < 1$$

由于算子 T_1 在 P_1 中的每一个不动点是边值问题 (3.1) 和 (3.2) 的解. 因此, 我们断言边值问题 (3.1) 和 (3.2) 存在单调不减的凹的正解 w^* 和 v^*.

如果 $\lim\limits_{n \to \infty} w_n \neq \lim\limits_{n \to \infty} v_n$, 则 w^* 与 v^* 是边值问题 (3.1) 和 (3.2) 的两个单调不减的凹的正解. 而如果 $\lim\limits_{n \to \infty} w_n = \lim\limits_{n \to \infty} v_n$, 则 $w^* = v^*$ 是边值问题 (3.1) 和 (3.2) 的一个单调不减的凹的正解.

至此, 定理得证.

推论 3.1.1 设条件 (H)、(H_1) 和 (H_3) 成立，并且存在常数 $a > 0$，使得：

$$(H_4): \quad \lim_{\ell \to +\infty} \max_{0 \leqslant t \leqslant 1} \frac{f(t, \ell, a, -a)}{\ell} \leqslant \frac{1}{A}$$

$$\left(特别地, \quad \lim_{\ell \to +\infty} \max_{0 \leqslant t \leqslant 1} \frac{f(t, \ell, a, -a)}{\ell} = 0\right)$$

则定理 3.1.1 中的结论仍然成立（这时取 $0 < a \ll 1$）.

下面的例子是本节中主要定理的直观应用.

例 3.1.1 令式 (3.1) 中 $q(t) = 1$，考虑如下边值问题的迭代正解

$$\begin{cases} u'''(t) + f(t, u(t), u'(t), u''(t)) = 0, & 0 < t < 1 \\ u(0) = u'(1) = u''(0) = 0 \end{cases} \tag{3.7}$$

其中

$$f(t, x, y, z) = \frac{1}{4}t^2 + \frac{1}{4}x + \frac{1}{8}y^2 - \frac{1}{4}z$$

解 令 $a = 2$，则易得 $A = 1$.

易验证条件 (H)、(H_1) 和 (H_3) 成立，则由定理 3.1.1 可知，边值问题 (3.7) 存在单调不减的凹的正解 w^* 和 v^*，使得

$$0 < w^* \leqslant 2, \quad 0 \leqslant (w^*)' \leqslant 2, \quad -2 \leqslant (w^*)'' \leqslant 0$$

且

$$\lim_{n \to \infty} w_n = \lim_{n \to \infty} T_1^n w_0 = w^*, \quad \lim_{n \to \infty} (w_n)' = \lim_{n \to \infty} (T_1^n w_0)' = (w^*)'$$

$$\lim_{n \to \infty} (w_n)'' = \lim_{n \to \infty} (T_1^n w_0)'' = (w^*)''$$

其中 $w_0(t) = 2t - t^2, \quad 0 \leqslant t \leqslant 1$

和

$$0 < v^* \leqslant a, \quad 0 \leqslant (v^*)' \leqslant a, \quad -a \leqslant (v^*)'' \leqslant 0$$

且

$$\lim_{n \to \infty} v_n = \lim_{n \to \infty} T_1^n v_0 = v^*, \quad \lim_{n \to \infty} (v_n)' = \lim_{n \to \infty} (T_1^n v_0)' = (v^*)'$$

$$\lim_{n \to \infty} (v_n)'' = \lim_{n \to \infty} (T_1^n v_0)'' = (v^*)''$$

其中，$v_0(t) = 0, \quad 0 \leqslant t \leqslant 1$

其中，$(T_1u)(t)$ 如式 (3.6) 所定义.

以下列出这两个迭代序列

$$w_0(t) = 2t - t^2, \quad 0 \leqslant t \leqslant 1$$

$$w_1(t) = -\frac{1}{120}t^5 + \frac{1}{48}t^4 - \frac{1}{6}t^3 + \frac{11}{24}t, \quad 0 \leqslant t \leqslant 1$$

$$w_2(t) = -\frac{1}{4561920}t^{11} + \frac{1}{829440}t^{10} - \frac{1}{82944}t^9 + \frac{1}{26880}t^8 - \frac{73}{483840}t^7$$
$$- \frac{11}{138240}t^6 - \frac{5}{2304}t^5 - \frac{35}{2304}t^4 - \frac{121}{27648}t^3 + \frac{24989}{290304}t, \quad 0 \leqslant t \leqslant 1$$

$$w_3(t) = -\frac{t^{23}}{14620753605427200} + \frac{t^{22}}{1271369878732800} - \frac{23t^{21}}{2196002517811200}$$
$$- \cdots - \frac{624450121t^3}{4045267795968} + \frac{5622836449329950699t}{1868468742279659952000}, \quad 0 \leqslant t \leqslant 1$$

$$w_4(t) = -\frac{t^{47}}{3145154866922750397354419945472000000}$$
$$+ \frac{t^{46}}{133836377315861719036358295555200000}$$
$$- \cdots - \frac{3161628973591344723452932316557705886016t^3}{1675764211620543699419355421020782592000000}$$
$$+ \frac{1605113582481534463473810732840280092014041143664971t}{6780718732903555345790847898231140300789645312000000},$$
$$0 \leqslant t \leqslant 1$$

$$\vdots$$

$$w_{n+1}(t) = (T_1 w_n)(t) = \int_0^1 G({}_1t,\, s)\left(\frac{1}{4}s^2 + \frac{1}{4}w_n(s) + \frac{1}{8}w_n'^2(s) - \frac{1}{4}w_n''(s)\right) \mathrm{d}s,$$
$$0 \leqslant t \leqslant 1$$

和

$$v_0(t) = 0, \quad 0 \leqslant t \leqslant 1$$

$$v_1(t) = -\frac{1}{240}t^5 + \frac{1}{48}t, \quad 0 \leqslant t \leqslant 1$$

$$v_2(t) = -\frac{1}{18247680}t^{11} + \frac{1}{322560}t^8 + \frac{1}{1935360}t^7 - \frac{1}{5760}t^6 - \frac{1}{240}t^5 - \frac{1}{4068}t^4$$

$$-\frac{1}{110592}t^3 + \frac{33011}{1451520}t, \quad 0 \leqslant t \leqslant 1$$

$$v_3(t) = -\frac{t^{23}}{233932057686835200} + \frac{t^{20}}{1830002098176000} + \frac{t^{19}}{10666297943654400}$$

$$- \cdots - \frac{1089726121t^3}{101131694899200} + \frac{2519447457194150 81t}{10990992601645056000}, \quad 0 \leqslant t \leqslant 1$$

$$v_4(t) = -\frac{t^{47}}{805159645932224101722731506040832000 00}$$

$$+ \frac{t^{44}}{295810721495425380161906509086720000}$$

$$+ \cdots - \frac{634761548956207237809567487702365 61t^3}{5798492081731985119098115643670528000000}$$

$$+ \frac{4977633952744195483468445987006955230306 7862246322909t}{21698299945291377106530713274339648962526864998400 00000}$$

$$0 \leqslant t \leqslant 1$$

$$\vdots$$

$$v_{n+1}(t) = (T_1 v_n)(t) = \int_0^1 G_1(t,\,s)\left(\frac{1}{4}s^2 + \frac{1}{4}w_n(s) + \frac{1}{8}w_n'^2(s) - \frac{1}{4}w_n''(s)\right)\mathrm{d}s,$$

$$0 \leqslant t \leqslant 1$$

在坐标图上表示出其分布如图 3-1、图 3-2 所示，从中不难看出迭代序列的迭代趋势.

计算可知

$$\|w_1 - w_0\| = 2.000000000000000000, \quad \|v_1 - v_0\| = 0.0833333333333333333,$$

$$\|w_2 - w_1\| = 0.657289255401234568, \quad \|v_2 - v_1\| = 0.0076774691358024691,$$

$$\|w_3 - w_2\| = 0.144307032230180722, \quad \|v_3 - v_2\| = 0.0007056973781479649,$$

$$\|w_4 - w_3\| = 0.020648460036251130, \quad \|v_4 - v_3\| = 0.0000666371356413746.$$

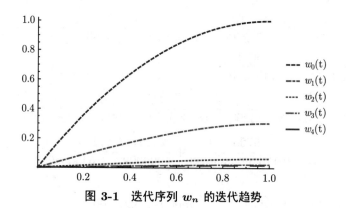

图 3-1　迭代序列 w_n 的迭代趋势

图 3-2　迭代序列 v_n 的迭代趋势

3.1.2　边值问题 (3.1) 和 (3.3) 的迭代正解

这一部分讨论边值问题 (3.1) 和 (3.3) 的迭代正解.

由于整个过程类似边值问题 (3.1) 和 (3.2) 的讨论, 因此, 这里仅介绍主要结论.

定义锥 $P_2 \subset E$ 为:

$$P_2 = \{u \in E \mid u(t) \geqslant 0, \ \text{且 } u \text{ 是 } [0, 1] \text{上不增的凹泛函}\}$$

引理 3.1.3　令 $g \in L^1[0, 1]$, 则如下边值问题:

$$\begin{cases} u'''(t) + g(t) = 0, & 0 < t < 1 \\ u(1) = u'(0) = u''(0) = 0 \end{cases}$$

有唯一解

$$u(t) = \int_0^1 G_2(t,\ s)g(s)\mathrm{d}s$$

其中

$$G_2(t,\ s) = \begin{cases} \dfrac{1}{2}(1-s)^2 - \dfrac{1}{2}(t-s)^2, & 0 \leqslant s \leqslant t \leqslant 1 \\[3mm] \dfrac{1}{2}(1-s)^2, & 0 \leqslant t \leqslant s \leqslant 1 \end{cases}$$

易知

$$0 \leqslant G_2(t,\ s) \leqslant G_2(s,\ s) = \frac{1}{2}(1-s)^2$$

定义算子 T_2: $P_2 \to E$ 为

$$(T_2 u)(t) = \int_0^1 G_2(t,\ s)q(s)f(s,\ u(s),\ u'(s),\ u''(s))\mathrm{d}s \tag{3.8}$$

则由引理 3.1.3 可知，边值问题 (3.1) 和 (3.3) 有解 $u = u(t)$，当且仅当 u 是 T_2 的不动点.

引理 3.1.4 对于式 (3.8) 中定义的算子 T_2: $P_2 \to P_2$ 是全连续算子.

定理 3.1.2 假设条件 (H) 成立，而且存在常数 $b > 0$，使得

(H_5): $f(t,\ x_1,\ y_1,\ z_1) \leqslant f(t,\ x_2,\ y_2,\ z_2)$，对任意的 $0 \leqslant t \leqslant 1$，$0 \leqslant x_1 \leqslant x_2 \leqslant b$，$-b \leqslant y_2 \leqslant y_1 \leqslant 0$，$-b \leqslant z_2 \leqslant z_1 \leqslant 0$;

(H_6): $\max\limits_{0 \leqslant t \leqslant 1} f(t,\ b,\ -b,\ -b) \leqslant \dfrac{b}{B}$，其中 $B = \displaystyle\int_0^1 q(s)\mathrm{d}s$;

(H_7): $f(t,\ 0,\ 0,\ 0) \not\equiv 0$，$0 \leqslant t \leqslant 1$.

则边值问题 (3.1) 和 (3.3) 存在单调不增的凹的正解 μ^* 和 ν^*，满足

$$0 < \mu^* \leqslant b, \quad 0 \leqslant (\mu^*)' \leqslant b, \quad -b \leqslant (\mu^*)'' \leqslant 0$$

且

$$\lim_{n \to \infty} \mu_n = \lim_{n \to \infty} T_2^n \mu_0 = \mu^*, \quad \lim_{n \to \infty} (\mu_n)' = \lim_{n \to \infty} (T_2^n \mu_0)' = (\mu^*)'$$

$$\lim_{n \to \infty} (\mu_n)'' = \lim_{n \to \infty} (T_2^n \mu_0)'' = (\mu^*)''$$

其中，$\mu_0(t) = \dfrac{1}{2} b(1-t^2)$，$0 \leqslant t \leqslant 1$

和

$$0 < \nu^* \leqslant b, \quad 0 \leqslant (\nu^*)' \leqslant b, \quad -b \leqslant (\nu^*)'' \leqslant 0$$

且 $$\lim_{n \to \infty} \nu_n = \lim_{n \to \infty} T_2^n \nu_0 = \nu^*, \quad \lim_{n \to \infty} (\nu_n)' = \lim_{n \to \infty} (T_2^n \nu_0)' = (\nu^*)'$$

$$\lim_{n \to \infty} (\nu_n)'' = \lim_{n \to \infty} (T_2^n \nu_0)'' = (\nu^*)''$$

其中 $\nu_0(t) = 0, \quad 0 \leqslant t \leqslant 1$

其中,$(T_2 u)(t)$ 如式 (3.8) 所定义.

此定理中的迭代序列为 $\mu_0(t) = \dfrac{1}{2} b(1 - t^2)$,$\mu_{n+1} = T_2 \mu_n = T_2^n \mu_0$,$n = 0, 1, 2, \cdots$ 和 $\nu_0(t) = 0$,$\nu_{n+1} = T_2 \nu_n = T_2^n \nu_0$,$n = 0, 1, 2, \cdots$. 它们分别是从一个简单的二次函数和零函数开始迭代的.

推论 3.1.2 假设条件 (H)、(H_5)、(H_7) 成立,而且存在常数 $a > 0$,使得:

(H_8): $\varlimsup\limits_{\ell \to +\infty} \max\limits_{0 \leqslant t \leqslant 1} \dfrac{f(t, \ell, -a, -a)}{\ell} \leqslant \dfrac{1}{A}$

(特别地,$\lim\limits_{\ell \to +\infty} \max\limits_{0 \leqslant t \leqslant 1} \dfrac{f(t, \ell, -a, -a)}{\ell} = 0$)

则边值问题 (3.1) 和 (3.3) 存在单调不增的凹的正解 w^* 和 v^*,使得定理 3.1.2 的结论成立.

例 3.1.2 令式 (3.1) 中 $q(t) = 1$,考虑如下边值问题的迭代正解:

$$\begin{cases} u'''(t) + f(t, u(t), u'(t), u''(t)) = 0, & 0 < t < 1 \\ u(1) = u'(0) = u''(0) = 0 \end{cases} \tag{3.9}$$

其中

$$f(t, x, y, z) = \frac{1}{4}(t-1)^2 + \frac{1}{4}x + \frac{1}{8}y^2 - \frac{1}{4}z$$

解 令 $b = 2$,则易得 $B = 1$.

易验证条件 (H)、(H_5)—(H_7) 成立,则由定理 3.1.2 可知,边值问题 (3.9) 存在单调不减的凹的正解 w^* 和 v^*,使得

$$0 < \mu^* \leqslant 2, \quad 0 \leqslant (\mu^*)' \leqslant 2, \quad -2 \leqslant (\mu^*)'' \leqslant 0$$

且 $\quad \lim_{n \to \infty} \mu_n = \lim_{n \to \infty} T_2^n \mu_0 = \mu^*, \quad \lim_{n \to \infty} (\mu_n)' = \lim_{n \to \infty} (T_2^n \mu_0)' = (\mu^*)'$

$$\lim_{n \to \infty} (\mu_n)'' = \lim_{n \to \infty} (T_2^n \mu_0)'' = (\mu^*)''$$

其中 $\quad \mu_0(t) = 1 - t^2, \quad 0 \leqslant t \leqslant 1$

和

$$0 < \nu^* \leqslant 2, \quad 0 \leqslant (\nu^*)' \leqslant 2, \quad -2 \leqslant (\nu^*)'' \leqslant 0$$

且 $\quad \lim_{n \to \infty} \nu_n = \lim_{n \to \infty} T_2^n \nu_0 = \nu^*, \quad \lim_{n \to \infty} (\nu_n)' = \lim_{n \to \infty} (T_2^n \nu_0)' = (\nu^*)'$

$$\lim_{n \to \infty} (\nu_n)'' = \lim_{n \to \infty} (T_2^n \nu_0)'' = (\nu^*)''$$

其中 $\quad \nu_0(t) = 0, \quad 0 \leqslant t \leqslant 1$

其中，$(T_2 u)(t)$ 如式 (3.8) 所定义.

以下列出这两个迭代序列

$$\mu_0(t) = 1 - t^2, \quad 0 \leqslant t \leqslant 1$$

$$\mu_1(t) = -\frac{1}{120}t^5 + \frac{1}{48}t^4 - \frac{1}{6}t^3 + \frac{37}{240}, \quad 0 \leqslant t \leqslant 1$$

$$\mu_2(t) = -\frac{t^{11}}{4561920} + \frac{t^{10}}{829440} - \frac{t^9}{82944} + \frac{t^8}{26880} - \frac{t^7}{5760}$$

$$\quad -\frac{t^5}{320} + \frac{t^4}{96} - \frac{277t^3}{5760} + \frac{2615099}{63866880}, \quad 0 \leqslant t \leqslant 1$$

$$\mu_3(t) = -\frac{t^{23}}{14620753605427200} + \frac{t^{22}}{1271369878732800}$$

$$\quad - \cdots - \frac{66481979t^3}{1532805120} + \frac{13229407312589389003}{4523661165519175680}, \quad 0 \leqslant t \leqslant 1$$

$$\mu_4(t) = -\frac{t^{47}}{31451548669227503097354419945472000000}$$

$$+ \frac{t^{46}}{13383637731586171903635829555200000}$$

$$- \quad \cdots \quad - \frac{465595523864506957037 t^3}{108567867972460216320 0}$$

$$+ \frac{392143049634047449280236353007903909356413939963845 79}{13942852894532935679782430990737782243498708172800000 00}$$

$$0 \leqslant t \leqslant 1$$

$$\vdots$$

$$\mu_{n+1}(t) = (T_2 w_n)(t)$$

$$= \int_0^1 G_2(t,\,s)(\frac{1}{4}(s-1)^2 + \frac{1}{4}\mu_n(s) + \frac{1}{8}\mu_n'^2(s) - \frac{1}{4}\mu_n''(s)) \mathrm{d}s, \quad 0 \leqslant t \leqslant 1$$

和

$$\nu_0(t) = 0, \quad 0 \leqslant t \leqslant 1$$

$$\nu_1(t) = -\frac{1}{240}t^5 + \frac{1}{48}t^4 - \frac{1}{24}t^3 + \frac{1}{40}, \quad 0 \leqslant t \leqslant 1$$

$$\nu_2(t) = -\frac{t^{11}}{18247680} + \frac{t^{10}}{1658880} - \frac{t^9}{331776} + \frac{t^8}{92160} - \frac{11t^7}{322560}$$

$$- \frac{t^6}{11520} - \frac{t^5}{320} + \frac{7t^4}{384} - \frac{41t^3}{960} + \frac{393373}{14192640}, \quad 0 \leqslant t \leqslant 1$$

$$\nu_3(t) = -\frac{t^{23}}{2339320576868352 00} + \frac{t^{22}}{10170959029862400}$$

$$- \quad \cdots \quad - \frac{14586013t^3}{340623360} + \frac{15270068937566876977}{545711505681678336000}, \quad 0 \leqslant t \leqslant 1$$

$$\nu_4(t) = -\frac{t^{47}}{8051596459322241017227315060408320 0000}$$

$$+ \frac{t^{46}}{171310562964303000366538618306560000 0}$$

$$- \quad \cdots \quad - \frac{560981574619245212977t^3}{1309707613636028006400 0}$$

$$+ \frac{15112156529407735390039688001458038470270503015922647}{5395873531368755153475891660814621699675992883200000000}$$

$$0 \leqslant t \leqslant 1$$

$$\vdots$$

$$\nu_{n+1}(t) = (T_2\nu_n)(t)$$

$$= \int_0^1 G_2(t, s)(\frac{1}{4}(s-1)^2 + \frac{1}{4}\nu_n(s) + \frac{1}{8}\nu_n'^2(s) - \frac{1}{4}\nu_n''(s))\mathrm{d}s, \quad 0 \leqslant t \leqslant 1$$

在坐标图上表示出其分布如图 3-3、图 3-4 所示，从中不难看出迭代序列的迭代趋势.

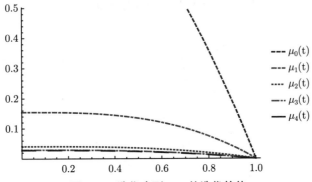

图 3-3 迭代序列 μ_n 的迭代趋势

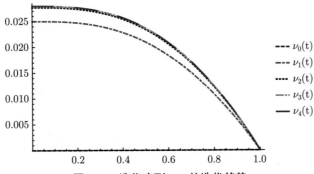

图 3-4 迭代序列 ν_n 的迭代趋势

3.1.3 边值问题 (3.1) 和 (3.4) 的迭代正解

这一部分讨论边值问题 (3.1) 和 (3.4) 的迭代正解.

由于整个过程类似边值问题 (3.1) 和 (3.2) 以及边值问题 (3.1) 和 (3.3) 的讨论, 因此, 这里仅介绍主要结论.

定义锥 $P_3 \subset E$ 为

$$P_3 = \{u \in E_3 |\ u(t) \geqslant 0,\ u \text{ 是}[0,\ 1]\text{上的凹泛函}\}$$

引理 3.1.5 令 $g \in L^1[0,\ 1]$, 则如下边值问题

$$\begin{cases} u'''(t) + g(t) = 0, & 0 < t < 1 \\ u(0) = u(1) = u''(0) = 0 \end{cases}$$

有唯一解:

$$u(t) = \int_0^1 G_3(t,\ s)g(s)\mathrm{d}s$$

其中

$$G_3(t,\ s) = \begin{cases} \dfrac{1}{2}t(1-s)^2 - \dfrac{1}{2}(t-s)^2, & 0 \leqslant s \leqslant t \leqslant 1 \\ \dfrac{1}{2}t(1-s)^2, & 0 \leqslant t \leqslant s \leqslant 1 \end{cases}$$

易知

$$0 \leqslant G_3(t,\ s) \leqslant G_3\left(\frac{1}{2}(1+s^2),\ s\right) = \frac{1}{8}(1-s^2)^2$$

定义算子 $T_3 : P_3 \to E$ 为

$$(T_3 u)(t) = \int_0^1 G_3(t,\ s)q(s)f(s,\ u(s),\ u'(s),\ u''(s))\mathrm{d}s \qquad (3.10)$$

则由引理 3.1.5 可知, 边值问题 (3.1) 和 (3.4) 有解 $u = u(t)$ 当且仅当 u 是 T_3 的不动点.

引理 3.1.6 对于式 (3.10) 中定义的算子 $T_3 : P_3 \to P_3$ 是全连续算子.

定理 3.1.3 假设条件 (H) 成立, 而且存在常数 $c > 0$, 使得

(H_9): $f(t, x_1, y_1, z_1) \leqslant f(t, x_2, y_2, z_2)$ 对任意的 $0 \leqslant t \leqslant 1$, $0 \leqslant x_1 \leqslant$
$x_2 \leqslant c$, $0 \leqslant |y_1| \leqslant |y_2| \leqslant c$, $-c \leqslant z_2 \leqslant z_1 \leqslant 0$;

(H_{10}): $\displaystyle\max_{0 \leqslant t \leqslant 1} f(t, c, c, -c) \leqslant \frac{c}{C}$, 其中 $C = \displaystyle\int_0^1 q(s)\mathrm{d}s$;

(H_{11}): $f(t, 0, 0, 0) \not\equiv 0$, $0 \leqslant t \leqslant 1$.

则边值问题 (3.1) 和 (3.4) 存在凹的正解 ρ^* 和 ζ^*, 满足

$$0 < \rho^* \leqslant c, \quad 0 \leqslant (\rho^*)' \leqslant c, \quad -c \leqslant (\rho^*)'' \leqslant 0$$

且 $\displaystyle\lim_{n \to \infty} \rho_n = \lim_{n \to \infty} T_3^n \rho_0 = \rho^*$, $\displaystyle\lim_{n \to \infty} (\rho_n)' = \lim_{n \to \infty} (T_3^n \rho_0)' = (\rho^*)'$

$$\lim_{n \to \infty} (\rho_n)'' = \lim_{n \to \infty} (T_3^n \rho_0)'' = (\rho^*)''$$

其中 $\rho_0(t) = \dfrac{1}{2} ct(1-t)$, $0 \leqslant t \leqslant 1$

和

$$0 < \zeta^* \leqslant c, \quad 0 \leqslant (\zeta^*)' \leqslant c, \quad -c \leqslant (\zeta^*)'' \leqslant 0$$

且 $\displaystyle\lim_{n \to \infty} \zeta_n = \lim_{n \to \infty} T_3^n \zeta_0 = \zeta^*$, $\displaystyle\lim_{n \to \infty} (\zeta_n)' = \lim_{n \to \infty} (T_3^n \zeta_0)' = (\zeta^*)'$

$$\lim_{n \to \infty} (\zeta_n)'' = \lim_{n \to \infty} (T_3^n \zeta_0)'' = (\zeta^*)''$$

其中 $\zeta_0(t) = 0$, $0 \leqslant t \leqslant 1$

其中, $(T_3 u)(t)$ 如式 (3.10) 所定义.

此定理中的迭代序列为 $\rho_0(t) = \dfrac{1}{2} ct(1-t)$, $\rho_{n+1} = T_2 \rho_n = T_2^n \rho_0$, $n = 0, 1, 2\cdots$ 和 $\zeta_0(t) = 0$, $\zeta_{n+1} = T_2 \zeta_n = T_2^n \zeta_0$, $n = 0, 1, 2, \cdots$. 它们分别是从一个简单的二次函数和零函数开始迭代的.

推论 3.1.3 设条件 (H)、(H_9) 和 (H_{11}) 成立, 而且存在常数 $c > 0$, 使得

(H_{12}): $\displaystyle\varlimsup_{\ell \to +\infty} \max_{0 \leqslant t \leqslant 1} \frac{f(t, \ell, c, -c)}{\ell} \leqslant \frac{1}{C}$

（特别地, $\displaystyle\lim_{\ell \to +\infty} \max_{0 \leqslant t \leqslant 1} \frac{f(t, \ell, c, -c)}{\ell} = 0$）

则边值问题 (3.1) 和 (3.4) 存在凹的正解 ρ^* 和 ζ^*, 使得定理 3.1.3 的结论成立.

例 3.1.3 令式 (3.1) 中 $q(t) = 1$, 考虑如下边值问题的迭代正解

$$\begin{cases} u'''(t) + f(t, u(t), u'(t), u''(t)) = 0, \quad 0 < t < 1 \\ u(0) = u(1) = u''(0) = 0 \end{cases} \tag{3.11}$$

其中

$$f(t, x, y, z) = -t^2 + t + x + \frac{1}{2}y^2 - \frac{1}{4}z$$

解 令 $c = 2$, 则易得 $C = 1$.

易验证条件 (H)、(H_9)—(H_{11}) 成立, 则由定理 3.1.3 可知, 边值问题 (3.11) 存在凹的正解 ρ^* 和 ζ^*, 使得

$$0 < \rho^* \leqslant 2, \quad 0 \leqslant (\rho^*)' \leqslant 2, \quad -2 \leqslant (\rho^*)'' \leqslant 0$$

且
$$\lim_{n \to \infty} \rho_n = \lim_{n \to \infty} T_3^n \rho_0 = \rho^*, \quad \lim_{n \to \infty} (\rho_n)' = \lim_{n \to \infty} (T_3^n \rho_0)' = (\rho^*)'$$

$$\lim_{n \to \infty} (\rho_n)'' = \lim_{n \to \infty} (T_3^n \rho_0)'' = (\rho^*)''$$

其中 $\rho_0(t) = t - t^2, \quad 0 \leqslant t \leqslant 1$

和

$$0 < \zeta^* \leqslant 2, \quad 0 \leqslant (\zeta^*)' \leqslant 2, \quad -2 \leqslant (\zeta^*)'' \leqslant 0$$

且
$$\lim_{n \to \infty} \zeta_n = \lim_{n \to \infty} T_3^n \zeta_0 = \zeta^*, \quad \lim_{n \to \infty} (\zeta_n)' = \lim_{n \to \infty} (T_3^n \zeta_0)' = (\zeta^*)'$$

$$\lim_{n \to \infty} (\zeta_n)'' = \lim_{n \to \infty} (T_3^n \zeta_0)'' = (\zeta^*)''$$

其中 $\zeta_0(t) = 0, \quad 0 \leqslant t \leqslant 1$

其中, $(T_3 u)(t)$ 如式 (3.10) 所定义.

以下列出这两个迭代序列

$$\rho_0(t) = t - t^2, \quad 0 \leqslant t \leqslant 1$$

$$\rho_1(t) = (T_3\rho_0)(t) = -\frac{1}{6}t^3 + \frac{1}{6}t, \quad 0 \leqslant t \leqslant 1$$

$$\vdots$$

$$\rho_{n+1}(t) = (T_3\rho_n)(t)$$
$$= \int_0^1 G_3(t, s)(-s^2 + s + \rho_n(s) + \frac{1}{2}\rho_n'^2(s) - \frac{1}{4}\rho_n''(s))\mathrm{d}s, \quad 0 \leqslant t \leqslant 1$$

和

$$\zeta_0(t) = 0, \quad 0 \leqslant t \leqslant 1$$

$$\zeta_1(t) = (T_3\zeta_0)(t) = \frac{1}{60}t^5 - \frac{1}{24}t^4 + \frac{1}{40}t, \quad 0 \leqslant t \leqslant 1$$

$$\vdots$$

$$\zeta_{n+1}(t) = (T_3\zeta_n)(t)$$
$$= \int_0^1 G_3(t, s)(-s^2 + s + \zeta_n(s) + \frac{1}{2}\zeta_n'^2(s) - \frac{1}{4}\zeta_n''(s))\mathrm{d}s, \quad 0 \leqslant t \leqslant 1$$

3.2 具 p-Laplace 算子的三阶右焦点边值问题的迭代正解

本节研究下列具 p-Laplace 算子的三阶右焦点边值问题

$$\begin{cases} (\phi_p(u''))'(t) = q(t)f(t, u(t)), & t \in [0, 1] = I \\ u(0) = \sum_{i=1}^{m} \alpha_i u(\xi_i), & u'(\eta) = 0, \quad u''(1) = \sum_{i=1}^{n} \beta_i u''(\theta_i) \end{cases} \tag{3.12}$$

其中，$\phi_p(s) = |s|^{p-2}s, 1 < p \leqslant 2$.

本节中，假设下列条件满足

(H1)：$\frac{1}{2} \leqslant \eta \leqslant 1$；$0 < \xi_1 < \xi_2 < \cdots < \xi_m < \eta$，

$$\theta_i \in (0, 1) \ (i = 1, 2, \cdots, n);$$

(H2)：$0 \leqslant \alpha_i < 1 \ (i = 1, 2, \cdots, m)$ 满足 $0 \leqslant \sum_{i=1}^{m} \alpha_i < 1$；

$$0 \leqslant \beta_i < 1 \ (i = 1, 2, \cdots, n) \ \text{满足} \ 0 \leqslant \sum_{i=1}^{n} \beta_i < 1;$$

(H3)：$f \in C([0, 1] \times [0, +\infty), [0, +\infty))$；$q(t) \in L^1[0, 1]$ 在 $(0, 1)$ 上非负，$q(t)$ 在 $(0, 1)$ 的任何紧子集上不恒等于零.

3.2.1 预备工作

记 $E = C[0, 1]$，其中范数定义为

$$\|w\| := \max_{0 \leqslant t \leqslant 1} |w(t)|$$

则 E 为 Banach 空间.

称 w^* 是边值问题 (3.12) 的一个正解，是指 w^* 满足边值问题 (3.12)，且 $w^*(t) > 0, 0 < t < 1$.

记

$$C^+[0, 1] = \{w \in E : w(t) \geqslant 0, \quad t \in I\}$$

$$P = \left\{ w \in C[0, 1] \left| \begin{array}{l} w(t) \ \text{在}[0, 1]\text{上是凹的和非负的} \\ w(t) \ \text{在}[0, \eta]\text{上单调上升} \\ w(t) \ \text{在}[\eta, 1]\text{上单调下降} \end{array} \right. \right\}$$

容易验证，P 是 E 中的锥.

对任意 $w \in P$，有

$$\|w\| = w(\eta)$$

且

$$\|w\| \min \left\{ \frac{t}{\eta}, \quad \frac{1-t}{1-\eta} \right\} \leqslant w(t) \leqslant \|w\|, \quad t \in I \tag{3.13}$$

当 $p > 1$ 时，$\phi_p(s)$ 在 $(-\infty, +\infty)$ 上是严格单调上升的.

因为 ϕ_p^{-1} 存在，且

$$\phi_p^{-1} = \phi_q$$

其中

$$\frac{1}{p} + \frac{1}{q} = 1$$

进一步可以验证，当 $1 < p \leqslant 2$ 时，有

$$(\phi_p^{-1})'(s) = \phi_q'(s)$$

在 $(-\infty, 0)$ 上是非负并且单调下降的.

引理 3.2.1　假设 $g(r) \in C[0, 1]$，并且 $g(r)$ 在 $[0, 1]$ 是非正和单调上升的，那么对任意 $t \in [0, 1]$ 和 $\eta \in \left[\dfrac{1}{2}, 1\right]$，有

$$\int_0^t \int_s^\eta g(r)\mathrm{d}r\mathrm{d}s \leqslant 0$$

证明：当 $t \in [0, \eta]$ 时，结论显然.

而当 $t \in [\eta, 1]$ 时，由 $g(r)$ 在 $[0, 1]$ 上单调上升可知

$$g(0) \leqslant g(r) \leqslant g(\eta) \leqslant 0, \quad r \in [0, \eta]$$

$$g(\eta) \leqslant g(r) \leqslant g(1) \leqslant 0, \quad r \in [\eta, 1]$$

因此，有

$$\int_0^t \int_s^\eta g(r)\mathrm{d}r\mathrm{d}s$$

$$= \int_0^\eta \int_s^\eta g(r)\mathrm{d}r\mathrm{d}s - \int_\eta^t \int_\eta^s g(r)\mathrm{d}r\mathrm{d}s$$

$$\leqslant \int_0^\eta \int_s^\eta g(\eta)\mathrm{d}r\mathrm{d}s - \int_\eta^t \int_\eta^s g(\eta)\mathrm{d}r\mathrm{d}s$$

$$= g(\eta)t\left(\eta - \frac{t}{2}\right)$$

$$\leqslant 0$$

对任意固定的 $x \in C^+[0, 1]$，假设 u 是下列边值问题的解

$$
\begin{cases}
(\phi_p(u''))'(t) = q(t)f(t, x(t)), & 0 \leqslant t \leqslant 1 \\
u(0) = \displaystyle\sum_{i=1}^m \alpha_i u(\xi_i), \quad u'(\eta) = 0, \quad u''(1) = \sum_{i=1}^n \beta_i u''(\theta_i)
\end{cases} \tag{3.14}
$$

则

$$
u''(t) = \phi_p^{-1}\left(A_x - \int_t^1 q(s)f(s, x(s))\mathrm{d}s \right)
$$

由

$$
\xi_i \in (0, \eta) \; (i = 1, 2, \cdots, m)
$$

及边界条件

$$
u(0) = \sum_{i=1}^m \alpha_i u(\xi_i)
$$

和

$$
u'(\eta) = 0
$$

可知

$$
u(t) = -\frac{\displaystyle\sum_{i=1}^m \alpha_i \int_0^{\xi_i} \left[\int_t^\eta \phi_p^{-1}\left(A_x - \int_s^1 q(\tau)f(\tau, x(\tau))\mathrm{d}\tau \right) \mathrm{d}s \right] \mathrm{d}t}{1 - \displaystyle\sum_{i=1}^m \alpha_i}
$$
$$
- \int_0^t \left[\int_s^\eta \phi_p^{-1}\left(A_x - \int_r^1 q(\tau)f(\tau, x(\tau))\mathrm{d}\tau \right) \mathrm{d}r \right] \mathrm{d}s
$$

其中，A_x 满足第三个边界条件

$$
u''(1) = \sum_{i=1}^n \beta_i u''(\theta_i)
$$

则有

$$
\phi_p^{-1}(A_x) = \sum_{i=1}^n \beta_i \phi_p^{-1}\left(A_x - \int_{\theta_i}^1 q(s)f(s, x(s))\mathrm{d}s \right) \tag{3.15}
$$

引理 3.2.2 对任意 $x \in C^+[0, 1]$, 存在唯一的常数 $A_x \in (-\infty, +\infty)$ 满足式 (3.15).

证明: 将式 (3.15) 改写如下

$$\phi_p^{-1}(-A_x) = \sum_{i=1}^{n} \beta_i \phi_p^{-1} \left(-A_x + \int_{\theta_i}^{1} q(s) f(s, x(s)) \mathrm{d}s \right)$$

类似于引理 2.4.2 可证, 对任意固定的 $x \in C^+[0, 1]$, 存在唯一的 A_x 满足上式, 也即存在唯一的 A_x 满足式 (3.15).

注 3.2.1 从引理 3.2.2 的证明过程可知, 对任意固定的 $x \in C^+[0, 1]$, 有

$$A_x \in \left[-\frac{\phi_p \left(\sum\limits_{i=1}^{n} \beta_i \right)}{1 - \phi_p \left(\sum\limits_{i=1}^{n} \beta_i \right)} \int_0^1 q(s) f(s, x(s)) \mathrm{d}s, \quad 0 \right]$$

而且, 若 $H_x(0) = 0$, 则 $A_x = 0$; 若 $H_x(0) \neq 0$, 则 $A_x \neq 0$.

对任意 $x \in C^+[0, 1]$, 令 A_x 是相应于 x 由式 (3.15) 决定的唯一常数, 那么有下列引理.

引理 3.2.3 $A_x : C^+[0, 1] \to \mathbf{R}$ 有下列性质:

(1) A_x 关于 x 连续;

(2) 假设 $f(t, x)$ 在 $[0, 1] \times [0, +\infty)$ 上关于 x 是单调上升的, 则 A_x 在 $C^+[0, 1]$ 关于 x 是单调上升的.

证明: 详细证明与引理 2.4.3 类同, 此处略.

对任意 $x \in C^+[0, 1]$, 定义

$$(Tx)(t) = -\frac{\sum\limits_{i=1}^{m} \alpha_i \int_0^{\xi_i} \left[\int_t^{\eta} \phi_p^{-1} \left(A_x - \int_s^1 q(\tau) f(\tau, x) \mathrm{d}\tau \right) \mathrm{d}s \right] \mathrm{d}t}{1 - \sum\limits_{i=1}^{m} \alpha_i}$$

$$- \int_0^t \left[\int_s^{\eta} \phi_p^{-1} \left(A_x - \int_r^1 q(\tau) f(\tau, x) \mathrm{d}\tau \right) \mathrm{d}r \right] \mathrm{d}s$$

其中, A_x 是相应于 x 满足式 (3.15) 的唯一常数.

由引理 3.2.2 可知, 算子 T 有意义. 容易验证, T 在 P 中的不动点必是边值问题 (3.12) 在 P 中的解.

引理 3.2.4 $T: P \to P$ 全连续, 即 T 连续且紧. 而且, 若 $f(t, x)$ 在 $[0, 1] \times [0, +\infty)$ 上关于 x 单调上升, 则 Tx 在 P 中关于 x 也单调上升.

证明: 首先, 证明 $TP \subseteq P$.

对任意 $x \in P$, 从 Tx 的定义可知, $(Tx) \in C[0, 1]$, 而且

$$(Tx)''(t) = \phi_p^{-1}\left(A_x - \int_t^1 q(s)f(s, x(s))\mathrm{d}s\right), \quad t \in [0, 1] \tag{3.16}$$

$$(Tx)'(t) = \begin{cases} -\int_t^\eta \phi_p^{-1}\left(A_x - \int_s^1 q(\tau)f(\tau, x))\mathrm{d}\tau\right)\mathrm{d}s, & t \in [0, \eta] \\ \int_\eta^t \phi_p^{-1}\left(A_x - \int_s^1 q(\tau)f(\tau, x))\mathrm{d}\tau\right)\mathrm{d}s, & t \in [\eta, 1] \end{cases} \tag{3.17}$$

$$(Tx)(0) = \sum_{i=1}^n \alpha_i(Tx)(\xi_i) \tag{3.18}$$

由注 3.2.1 可知

$$A_x \leqslant 0$$

由条件 (H3) 得

$$f(s, x(s)) \geqslant 0$$

因此, 由式 (3.16) 可知

$$(Tx)''(t) \leqslant 0$$

即 $(Tx)(t)$ 在 $[0, 1]$ 上是凹的.

由式 (3.17) 可知:

$$(Tx)'(t) \geqslant 0, \quad t \in [0, \eta]$$

$$(Tx)'(t) \leqslant 0, \quad t \in [\eta, 1]$$

即 $(Tx)(t)$ 在 $[0, \eta]$ 上单调上升, $(Tx)(t)$ 在 $[\eta, 1]$ 上单调下降.

由式 (3.18) 及

$$\xi_i \in (0, \eta) \ (i = 1, 2, \cdots, m)$$

可知

$$(Tx)(0) \geqslant \sum_{i=1}^{m} \alpha_i (Tx)(0)$$

从而由

$$\sum_{i=1}^{m} \alpha_i < 1$$

得

$$(Tx)(0) \geqslant 0$$

下面，证明 $(Tx)(1) \geqslant 0$.

事实上，由 Tx 的定义可知

$$
\begin{aligned}
(Tx)(1) = &-\frac{\sum\limits_{i=1}^{m} \alpha_i \int_0^{\xi_i} \left[\int_t^{\eta} \phi_p^{-1} \left(A_x - \int_s^1 q(\tau)f(\tau,\, x(\tau))\mathrm{d}\tau \right) \mathrm{d}s \right] \mathrm{d}t}{1 - \sum\limits_{i=1}^{m} \alpha_i} \\
&- \int_0^1 \left[\int_s^{\eta} \phi_p^{-1} \left(A_x - \int_r^1 q(\tau)f(\tau,\, x(\tau))\mathrm{d}\tau \right) \mathrm{d}r \right] \mathrm{d}s \\
= &\, (Tx)(0) - \int_0^1 \left[\int_s^{\eta} \phi_p^{-1} \left(A_x - \int_r^1 q(\tau)f(\tau,\, x(\tau))\mathrm{d}\tau \right) \mathrm{d}r \right] \mathrm{d}s
\end{aligned}
\tag{3.19}
$$

令

$$g(r) = A_x - \int_r^1 q(\tau)f(\tau,\, x(\tau))\mathrm{d}\tau$$

则

$$g'(r) = q(r)f(r,\, x(r)) \geqslant 0$$

$$g(r) \leqslant 0$$

由引理 3.2.1 得

$$-\int_0^1 \left[\int_s^{\eta} \phi_p^{-1} \left(A_x - \int_r^1 q(\tau)f(\tau,\, x(\tau))\mathrm{d}\tau \right) \mathrm{d}r \right] \mathrm{d}s \geqslant 0$$

从而，$(Tx)\,(1) \geqslant 0$.

利用 Tx 的凹性得

$$(Tx)(t) \geqslant 0, \, t \in [0, \, 1]$$

综上，断定 $TP \subseteq P$.

其次，证明 $T: P \to P$ 全连续.

由 A_x 在 P 中关于 x 连续易证，$T: P \to P$ 是连续的.

下面，证明 T 是紧的.

令 $D \subset P$ 是一有界集，则存在 R 使得

$$D \subset \{x \in P \mid \|x\| \leqslant R\}$$

对任意 $x \in D$，有

$$0 \leqslant \int_0^1 q(s)f(s, \, x(s))\mathrm{d}s$$

$$\leqslant \max_{s \in [0, \, 1], \, u \in [0, \, R]} f(s, \, u) \int_0^1 q(s)\mathrm{d}s$$

$$=: M$$

由注 3.2.1 可知

$$|A_x| \leqslant \frac{\phi_p\left(\sum\limits_{i=1}^n \beta_i\right) M}{1 - \phi_p\left(\sum\limits_{i=1}^n \beta_i\right)}$$

因此

$$\|(Tx)\| \leqslant \frac{\eta\left(1 - \sum\limits_{i=1}^m \alpha_i + \sum\limits_{i=1}^m \alpha_i \xi_i\right) \phi_p^{-1}(M)}{\left(1 - \sum\limits_{i=1}^m \alpha_i\right) \phi_p^{-1}\left(1 - \phi_p\left(\sum\limits_{i=1}^n \beta_i\right)\right)}$$

$$\|(Tx)'\| \leqslant \frac{\eta\phi_p^{-1}(M)}{\phi_p^{-1}\left(1 - \phi_p\left(\sum\limits_{i=1}^n \beta_i\right)\right)}$$

由 Arzela-Ascoli 定理可知，TD 是 $C[0, \, 1]$ 中的相对紧集，即 T 紧.

最后，证明 Tx 在 P 中关于 x 是单调上升的.

任给 $x_i \in P$ $(i = 1, 2)$ 且 $x_1 \geqslant x_2$，令 A_i $(i = 1, 2)$ 是相应于 x_i $(i = 1, 2)$ 满足式 (3.15) 的唯一常数.

由 Tx 的定义可知，对任意 $t \in [0, 1]$，有

$$
\begin{aligned}
&(Tx_1)(t) - (Tx_2)(t)\\
= &-\frac{\displaystyle\sum_{i=1}^{m} \alpha_i \int_0^{\xi_i} \int_t^{\eta} \phi_p^{-1}\left(A_1 - \int_r^1 q(\tau)f(\tau,\, x_1(\tau))\mathrm{d}\tau\right)\mathrm{d}r\mathrm{d}t}{1 - \displaystyle\sum_{i=1}^{m}\alpha_i}\\
&+\frac{\displaystyle\sum_{i=1}^{m} \alpha_i \int_0^{\xi_i} \int_t^{\eta} \phi_p^{-1}\left(A_2 - \int_r^1 q(\tau)f(\tau,\, x_2(\tau))\mathrm{d}\tau\right)\mathrm{d}r\mathrm{d}t}{1 - \displaystyle\sum_{i=1}^{m}\alpha_i}\\
&-\int_0^t \int_s^{\eta} \phi_p^{-1}\left(A_1 - \int_r^1 q(\tau)f(\tau,\, x_1(\tau))\mathrm{d}\tau\right)\mathrm{d}r\mathrm{d}s\\
&+\int_0^t \int_s^{\eta} \phi_p^{-1}\left(A_2 - \int_r^1 q(\tau)f(\tau,\, x_2(\tau))\mathrm{d}\tau\right)\mathrm{d}r\mathrm{d}s
\end{aligned}
\tag{3.20}
$$

由引理 3.2.3 可知

$$
\begin{aligned}
&A_1 - \int_r^1 q(\tau)f(\tau,\, x_1(\tau))\mathrm{d}\tau\\
\leqslant\; &A_2 - \int_r^1 q(\tau)f(\tau,\, x_2(\tau))\mathrm{d}\tau\\
\leqslant\; &0
\end{aligned}
$$

显然，在式 (3.20) 中，等号右端前两部分运算结果是非负的.

关于后两部分，令

$$
\begin{aligned}
g(r) = &\phi_p^{-1}\left(A_1 - \int_r^1 q(\tau)f(\tau,\, x_1(\tau))\mathrm{d}\tau\right)\\
&-\phi_p^{-1}\left(A_2 - \int_r^1 q(\tau)f(\tau,\, x_2(\tau))\mathrm{d}\tau\right), \quad r \in [0, 1]
\end{aligned}
$$

则显然

$$g(1) \leqslant 0$$

且

$$g'(r) = (\phi_p^{-1})' \left(A_1 - \int_r^1 q(\tau)f(\tau,\, x_1(\tau))\mathrm{d}\tau \right) q(r)f(r,\, x_1(r))$$

$$- (\phi_p^{-1})' \left(A_2 - \int_r^1 q(\tau)f(\tau,\, x_2(\tau))\mathrm{d}\tau \right) q(r)f(r,\, x_2(r))$$

由 $1 < p \leqslant 2$ 可知, $(\phi_p^{-1})'(s)$ 在 $(-\infty,\, 0)$ 上非负且单调下降, 因此

$$(\phi_p^{-1})' \left(A_1 - \int_r^1 q(\tau)f(\tau,\, x_1)\mathrm{d}\tau \right)$$

$$\geqslant (\phi_p^{-1})' \left(A_2 - \int_r^1 q(\tau)f(\tau,\, x_2)\mathrm{d}\tau \right) \geqslant 0$$

结合

$$f(\tau,\, x_1(\tau)) \geqslant f(\tau,\, x_2(\tau)) \geqslant 0$$

得

$$g'(r) \geqslant 0$$

且

$$g(r) \leqslant g(1) \leqslant 0$$

由引理 3.2.1 可知, 后两部分是非负的.

因此, 对任意 $t \in [0,\, 1]$

$$(Tx_1)(t) \geqslant (Tx_2)(t)$$

即 Tx 在 P 中关于 x 是单调上升的.

3.2.2 边值问题 (3.12) 迭代正解的存在性

对 $t \in [0,\, \min\{\xi_1,\, 1-\eta\}]$, 定义

$$y(t) = \frac{\sum\limits_{i=1}^{m} \alpha_i \int_t^{\xi_i} \int_s^{\eta} \phi_p^{-1}\left(\int_r^{1-t} q(\tau)\mathrm{d}\tau\right) \mathrm{d}r\mathrm{d}s}{1 - \sum\limits_{i=1}^{m} \alpha_i}$$

$$+ \int_t^{\eta} \int_s^{\eta} \phi_p^{-1}\left(\int_r^{1-t} q(\tau)\mathrm{d}\tau\right) \mathrm{d}r\mathrm{d}s$$

则由条件 (H3) 可知, $y(t) > 0$ 在 $[0,\ \min\{\xi_1,\ 1-\eta\}]$ 上连续.

记

$$B = \frac{1}{\min\limits_{t \in [0,\ \min\{\xi_1,\ 1-\eta\}]} y(t)}$$

$$A = \frac{\left(1 - \sum\limits_{i=1}^{m} \alpha_i\right)\phi_p^{-1}\left(1 - \phi_p\left(\sum\limits_{i=1}^{n} \beta_i\right)\right)}{\left[\sum\limits_{i=1}^{m} \alpha_i \xi_i \left(\eta - \dfrac{\xi_i}{2}\right) + \dfrac{\eta^2}{2}\left(1 - \sum\limits_{i=1}^{m} \alpha_i\right)\right]\phi_p^{-1}\left(\int_0^1 q(s)\mathrm{d}s\right)} \tag{3.21}$$

则 $B > 0,\ A > 0$.

定理 3.2.1　设条件 (H1)、(H2) 和 (H3) 成立. 若存在两个正数 $b < a$ 及常数 $\delta \in (0,\ \min\{\xi_1,\ 1-\eta\})$, 满足

$(H4)$: $f(t,\ x): [0,\ 1] \times [0,\ a] \to [0,\ +\infty)$ 关于 x 单调上升;

$(H5)$: $\sup\limits_{t \in [0,\ 1]} f(t,\ a) \leqslant (aA)^{p-1}$, $\quad \inf\limits_{t \in [\delta,\ 1-\delta]} f\left(t,\ \dfrac{\delta}{\eta}b\right) \geqslant (bB)^{p-1}$.

则边值问题 (3.12) 有两个解 $w^*,\ v^* \in P$, 且满足

$$b \leqslant \|w^*\| \leqslant a, \qquad \lim_{n \to +\infty} T^n w_0 = w^*, \qquad \text{其中}\ \ w_0(t) = a$$

$$b \leqslant \|v^*\| \leqslant a, \quad \lim_{n \to +\infty} T^n v_0 = v^*, \quad \text{其中}\ \ v_0(t) = b\min\left\{\frac{t}{\eta},\ \frac{1-t}{1-\eta}\right\}$$

证明: 记

$$P[b,\ a] = \{w \in P : b \leqslant \|w\| \leqslant a\}$$

下面, 首先证明

$$TP[b,\ a] \subset P[b,\ a]$$

令 $w \in P[b,\, a]$，那么

$$0 \leqslant w(t) \leqslant \|w\| \leqslant a$$

由 $\delta \in (0,\, \min\{\xi_1,\, 1-\eta\})$，利用式 (3.13) 得

$$\min_{t \in [\delta,\, 1-\delta]} w(t) \geqslant \|w\| \min \left\{ \frac{\delta}{\eta},\, \frac{\delta}{1-\eta} \right\}$$
$$= \frac{\delta}{\eta} \|w\|$$
$$\geqslant \frac{\delta}{\eta} b$$

因此，由条件 (H4) 和 (H5) 得

$$0 \leqslant f(t,\, w(t)) \leqslant f(t,\, a)$$
$$\leqslant \sup_{t \in [0,\, 1]} f(t,\, a) \leqslant (aA)^{p-1}, \quad t \in [0,\, 1] \tag{3.22}$$

$$f(t,\, w(t)) \geqslant f\left(t,\, \frac{\delta}{\eta} b\right)$$
$$\geqslant \inf_{t \in [\delta,\, 1-\delta]} f\left(t,\, \frac{\delta}{\eta} b\right) \tag{3.23}$$
$$\geqslant (bB)^{p-1}, \quad t \in [\delta,\, 1-\delta]$$

对任意 $w \in P[b,\, a]$，由引理 3.2.4 可知，$Tw \in P$，从而

$$\|Tw\| = (Tw)(\eta)$$
$$= -\frac{\sum\limits_{i=1}^{m} \alpha_i \int_0^{\xi_i} \int_t^{\eta} \phi_p^{-1} \left(A_w - \int_s^1 q(\tau) f(\tau,\, w) \mathrm{d}\tau \right) \mathrm{d}s \mathrm{d}t}{1 - \sum\limits_{i=1}^{m} \alpha_i}$$
$$- \int_0^{\eta} \int_s^{\eta} \phi_p^{-1} \left(A_w - \int_r^1 q(\tau) f(\tau,\, w) \mathrm{d}\tau \right) \mathrm{d}r \mathrm{d}s$$

又在引理 3.2.2 中已证得

$$-\frac{\phi_p\left(\sum\limits_{i=1}^{n}\beta_i\right)}{1-\phi_p\left(\sum\limits_{i=1}^{n}\beta_i\right)}\int_0^1 q(s)f(s,\,w(s))\mathrm{d}s \leqslant A_w \leqslant 0$$

因此，由边值问题 (3.22) 和 (3.23) 得

$$\|Tw\|$$

$$\leqslant \frac{\sum\limits_{i=1}^{m}\alpha_i\int_0^{\xi_i}\int_t^{\eta}\phi_p^{-1}\left(\dfrac{\phi_p\left(\sum\limits_{i=1}^{n}\beta_i\right)\int_0^1 q(s)f(s,\,w)\mathrm{d}s}{1-\phi_p\left(\sum\limits_{i=1}^{n}\beta_i\right)}+\int_s^1 q(\tau)f(\tau,\,w)\mathrm{d}\tau\right)\mathrm{d}s\mathrm{d}t}{1-\sum\limits_{i=1}^{m}\alpha_i}$$

$$+\int_0^{\eta}\int_s^{\eta}\phi_p^{-1}\left(\dfrac{\phi_p\left(\sum\limits_{i=1}^{n}\beta_i\right)\int_0^1 q(s)f(s,\,w)\mathrm{d}s}{1-\phi_p\left(\sum\limits_{i=1}^{n}\beta_i\right)}+\int_r^1 q(\tau)f(\tau,\,w)\mathrm{d}\tau\right)\mathrm{d}r\mathrm{d}s$$

$$\leqslant \frac{\sum\limits_{i=1}^{m}\alpha_i\int_0^{\xi_i}\int_t^{\eta}\phi_p^{-1}\left(\dfrac{\phi_p\left(\sum\limits_{i=1}^{n}\beta_i\right)\int_0^1 q(s)f(s,\,w)\mathrm{d}s}{1-\phi_p\left(\sum\limits_{i=1}^{n}\beta_i\right)}+\int_0^1 q(\tau)f(\tau,\,w)\mathrm{d}\tau\right)\mathrm{d}s\mathrm{d}t}{1-\sum\limits_{i=1}^{m}\alpha_i}$$

$$+\int_0^{\eta}\int_s^{\eta}\phi_p^{-1}\left(\dfrac{\phi_p\left(\sum\limits_{i=1}^{n}\beta_i\right)\int_0^1 q(s)f(s,\,w)\mathrm{d}s}{1-\phi_p\left(\sum\limits_{i=1}^{n}\beta_i\right)}+\int_0^1 q(\tau)f(\tau,\,w)\mathrm{d}\tau\right)\mathrm{d}r\mathrm{d}s$$

$$=\frac{\sum\limits_{i=1}^{m}\alpha_i\xi_i\left(\eta-\dfrac{\xi_i}{2}\right)+\dfrac{\eta^2}{2}\left(1-\sum\limits_{i=1}^{m}\alpha_i\right)}{\left(1-\sum\limits_{i=1}^{m}\alpha_i\right)\phi_p^{-1}\left(1-\phi_p\left(\sum\limits_{i=1}^{n}\beta_i\right)\right)}\phi_p^{-1}\left(\int_0^1 q(s)f(s,\,w)\mathrm{d}s\right)$$

$$\leqslant \frac{\left[\sum\limits_{i=1}^{m} \alpha_i \xi_i \left(\eta - \frac{\xi_i}{2}\right) + \frac{\eta^2}{2}\left(1 - \sum\limits_{i=1}^{m} \alpha_i\right)\right] \phi_p^{-1}\left(\int_0^1 q(s)\mathrm{d}s\right)}{\left(1 - \sum\limits_{i=1}^{m} \alpha_i\right) \phi_p^{-1}\left(1 - \phi_p\left(\sum\limits_{i=1}^{n} \beta_i\right)\right)} Aa$$

$$= a$$

和

$$\|Tw\| \geqslant \frac{\sum\limits_{i=1}^{m} \alpha_i \int_0^{\xi_i}\left[\int_t^{\eta} \phi_p^{-1}\left(\int_s^1 q(\tau)f(\tau,\ x(\tau))\mathrm{d}\tau\right)\mathrm{d}s\right]\mathrm{d}t}{1 - \sum\limits_{i=1}^{m} \alpha_i}$$

$$+ \int_0^{\eta}\left[\int_s^{\eta} \phi_p^{-1}\left(\int_r^1 q(\tau)f(\tau,\ x(\tau))\mathrm{d}\tau\right)\mathrm{d}r\right]\mathrm{d}s$$

$$\geqslant \frac{\sum\limits_{i=1}^{m} \alpha_i \int_\delta^{\xi_i}\left[\int_t^{\eta} \phi_p^{-1}\left(\int_s^{1-\delta} q(\tau)f(\tau,\ x(\tau))\mathrm{d}\tau\right)\mathrm{d}s\right]\mathrm{d}t}{1 - \sum\limits_{i=1}^{m} \alpha_i}$$

$$+ \int_\delta^{\eta}\left[\int_s^{\eta} \phi_p^{-1}\left(\int_r^{1-\delta} q(\tau)f(\tau,\ x(\tau))\mathrm{d}\tau\right)\mathrm{d}r\right]\mathrm{d}s$$

$$\geqslant Bb\frac{\sum\limits_{i=1}^{m} \alpha_i \int_\delta^{\xi_i}\left[\int_t^{\eta} \phi_p^{-1}\left(\int_s^{1-\delta} q(\tau)\mathrm{d}\tau\right)\mathrm{d}s\right]\mathrm{d}t}{1 - \sum\limits_{i=1}^{m} \alpha_i}$$

$$+ Bb\int_\delta^{\eta}\left[\int_s^{\eta} \phi_p^{-1}\left(\int_r^{1-\delta} q(\tau)\mathrm{d}\tau\right)\mathrm{d}r\right]\mathrm{d}s$$

$$= Bby(\delta) \geqslant b$$

因此，得

$$b \leqslant \|Tw\| \leqslant a$$

即

$$TP[b,\ a] \subset P[b,\ a]$$

令 $w_0 \equiv a$, $t \in [0, 1]$，则 $w_0 \in P[b, a]$.

记 $w_1 = Tw_0$，则 $w_1 \in P[b, a]$.

记

$$w_{n+1} = Tw_n = T^{n+1}w_0, \quad n = 0, 1, 2, \cdots \tag{3.24}$$

由 $TP[b, a] \subset P[b, a]$ 可知，$w_n \in P[b, a]$ $(n = 0, 1, 2, \cdots)$.

由引理 3.2.4 可知 T 紧，从而断定 $\{w_n\}_{n=1}^{\infty}$ 有一个收敛子列 $\{w_{n_k}\}_{k=1}^{\infty}$，且存在 $w^* \in P[b, a]$，使得 $w_{n_k} \to w^*$.

由 $w_1 \in P[b, a] \subset P$ 可知

$$0 \leqslant w_1(t) \leqslant \|w\| \leqslant a = w_0(t)$$

利用引理 3.2.4 得

$$Tw_1 \leqslant Tw_0$$

即

$$w_2(t) \leqslant w_1(t), \quad 0 \leqslant t \leqslant 1$$

以此类推，得

$$w_{n+1}(t) \leqslant w_n(t), \quad 0 \leqslant t \leqslant 1 \ (n = 0, 1, 2, \cdots)$$

因此，有 $w_n \to w^*$.

在式 (3.24) 中，令 $n \to \infty$，由 T 的连续性得，$Tw^* = w^*$.

又

$$\|w^*\| \geqslant b > 0$$

w^* 在 $[0, 1]$ 上是非负凹的，断定

$$w^*(t) > 0, \quad t \in (0, 1)$$

由于 T 的不动点必是边值问题 (3.12) 的解，因此，w^* 是边值问题 (3.12) 的凹的正解.

令

$$v_0 = b \min\left\{\frac{t}{\eta}, \frac{1-t}{1-\eta}\right\}, \quad t \in [0, 1]$$

则

$$\|v_0\| = b, \quad v_0 \in P[b, a]$$

记 $v_1 = Tv_0$, 则 $v_1 \in P[b, a]$.

记

$$v_{n+1} = Tv_n = T^{n+1}v_0, \quad n = 0, 1, 2, \cdots \tag{3.25}$$

与 $\{w_n\}_{n=1}^{\infty}$ 的讨论类似, 断定 $\{v_n\}_{n=1}^{\infty}$ 有一个收敛子列 $\{v_{n_k}\}_{k=1}^{\infty}$, 且存在 $v^* \in P[b, a]$, 使得 $v_{n_k} \to v^*$.

由 $v_1 \in P[b, a]$, 根据式 (3.13) 得

$$
\begin{aligned}
v_1(t) &\geqslant \|v_1\| \min\left\{\frac{t}{\eta}, \frac{1-t}{1-\eta}\right\} \\
&\geqslant b \min\left\{\frac{t}{\eta}, \frac{1-t}{1-\eta}\right\} = v_0(t), \quad t \in [0, 1]
\end{aligned}
$$

由引理 3.2.4 可知

$$Tv_1 \geqslant Tv_0$$

即

$$v_2(t) \geqslant v_1(t), \quad 0 \leqslant t \leqslant 1$$

以此类推, 得

$$v_{n+1}(t) \geqslant v_n(t), \quad 0 \leqslant t \leqslant 1 \ (n = 0, 1, 2, \cdots)$$

因此, 断定 $v_n \to v^*$, $Tv^* = v^*$ 和 $v^*(t) > 0$, $t \in (0, 1)$,

从而, v^* 是边值问题 (3.12) 的凹的正解.

推论 3.2.1 假设条件 (H1)、(H2) 和 (H3) 成立, 如果存在常数 $\delta \in (0, \min\{\xi_1, 1-\eta\})$, 使得

(H6): $f(t, x): [0, 1] \times [0, +\infty) \to [0, +\infty)$ 关于 x 单调上升;

(H7)：$\displaystyle\lim_{l\to+\infty}\sup_{t\in[0,\,1]}\frac{f(t,\,l)}{l^{p-1}}\leqslant A^{p-1}$,

$\displaystyle\lim_{l\to0}\inf_{t\in[\delta,\,1-\delta]}\frac{f(t,\,l)}{l^{p-1}}\geqslant\left(\frac{B\eta}{\delta}\right)^{p-1}$,

其中, A, B 如式 (3.21) 中定义, 则存在两个常数 $a>0$ 和 $b>0$, 使得边值问题 (3.12) 有两个凹的正解 w^*, $v^*\in P$, 且有

$$b\leqslant\|w^*\|\leqslant a \ \text{和} \ \lim_{n\to+\infty}T^nw_0=w^*, \text{其中} \ w_0(t)=a$$

$$b\leqslant\|v^*\|\leqslant a \ \text{和} \ \lim_{n\to+\infty}T^nv_0=v^*, \text{其中} \ v_0(t)=b\min\left\{\frac{t}{\eta},\,\frac{1-t}{1-\eta}\right\}$$

证明：条件 (H4) 和 (H5) 可由条件 (H6) 和 (H7) 得到, 详细证明略.

例 3.2.1 假设 $0<k$, $m<\dfrac{1}{2}$, 考虑下列边值问题的迭代正解.

$$\begin{cases}(|u''|^{-\frac{1}{2}}u'')'(t)=\dfrac{1}{t(1-t)}\left[(u(t))^m+\ln((u(t))^k+1)\right], & t\in[0,\,1]\\[3mm] u(0)=\displaystyle\sum_{i=1}^{m}\alpha_iu(\xi_i), \quad u'\left(\dfrac{2}{3}\right)=0, \quad u''(1)=\displaystyle\sum_{i=1}^{n}\beta_iu(\theta_i)\end{cases} \tag{3.26}$$

解 易知

$$p=\frac{3}{2}, \quad \eta=\frac{2}{3}$$

$$f(t,\,u)=u^m+\ln(u^k+1)$$

任取 $\delta\in\left(0,\ \min\left\{\xi_1,\ \dfrac{1}{3}\right\}\right)$, 有

$$\lim_{l\to0}\inf_{t\in[\delta,\,1-\delta]}\frac{f(t,\,l)}{l^{p-1}}=\lim_{l\to0}\inf_{t\in[0,\,1]}\frac{l^m+\ln(l^k+1)}{l^{\frac{1}{2}}}=+\infty$$

$$\lim_{l\to+\infty}\sup_{t\in[0,\,1]}\frac{f(t,\,l)}{l^{p-1}}=\lim_{l\to+\infty}\inf_{t\in[0,\,1]}\frac{l^m+\ln(l^k+1)}{l^{\frac{1}{2}}}=0$$

由推论 3.2.1 可知, 式 (3.26) 对任意满足条件 (H1) 和 (H2) 的 $\xi_i\in\left(0,\ \dfrac{2}{3}\right)$ $(i=1,\,2,\,\cdots,\,m)$, $\theta_i\in(0,\,1)$ $(i=1,\,2,\,\cdots,\,n)$ 和 α_i, β_i 都有正解, 而且解可由迭代列逼近.

3.3 具 Stieltjes 积分边界的三阶微分方程边值问题的迭代正解

本节讨论如下具 Stieltjes 积分边界的三阶微分方程边值问题

$$u'''(t) + q(t)f(t,\,u(\alpha(t))) = 0, \quad 0 < t < 1 \tag{3.27}$$

$$u(0) = \beta u(\eta) + \lambda[u], \quad u''(0) = 0, \quad u(1) = \gamma u(\eta) + \lambda[u] \tag{3.28}$$

其中, $0 < \eta < 1$, $0 \leqslant \gamma^2 \leqslant \beta < \gamma < 1$, $\alpha(t) \in C([0,\,1] \to [0,\,1])$, 且对于 $t \in [0,\,1]$, $\alpha(t) \geqslant t$. Λ 是一个适当的有界变差函数, 而 $\lambda[u] = \displaystyle\int_0^1 u(t)\mathrm{d}\Lambda(t)$ 为 $u(t)$ 关于 Λ 在 $[0,\,1]$ 上的 Riemann-Stieltjes 积分函数. 值得注意的是, 对于任意的正的 u, $\lambda[u]$ 并非都是正的.

这里, 函数 u^* 称为边值问题 (3.27) 和 (3.28) 的正解, 如果 u^* 满足边值问题且 $u^*(t) > 0$, $0 < t < 1$.

3.3.1 准备工作

考虑 Banach 空间 $E = C[0,\,1]$, 定义其范数为

$$\|u\| := \max_{0 \leqslant t \leqslant 1} |u(t)|$$

定义锥 $P \subset E$ 为

$$P = \{u \in E|\ u(t) \geqslant 0,\ u \text{ 是}[0,\,1]\text{上的凹泛函}, \text{且} \min_{\eta \leqslant t \leqslant 1} u(t) \geqslant \delta\|u\|,\ \lambda[u] \geqslant 0\}$$

其中

$$\delta = \min\left\{\frac{\gamma(1-\eta)}{1-\gamma\eta},\ \frac{\gamma\eta}{1-\beta(1-\eta)}\right\}$$

引理 3.3.1 令 $y \in L^1[0,\,1]$, 则如下边值问题

$$\begin{cases} u'''(t) + y(t) = 0, \quad 0 < t < 1 \\ u(0) = \beta u(\eta) + \lambda[u], \quad u''(0) = 0, \quad u(1) = \gamma u(\eta) + \lambda[u] \end{cases} \tag{3.29}$$

有唯一解

$$u(t) = \frac{1 - (\gamma - \beta)\eta + (\gamma - \beta)t}{1 - \beta - (\gamma - \beta)\eta} \lambda[u]$$
$$+ \frac{\beta + (\gamma - \beta)t}{1 - \beta - (\gamma - \beta)\eta} \int_0^1 F(\eta,\ s)y(s)\mathrm{d}s + \int_0^1 F(t,\ s)y(s)\mathrm{d}s$$

其中

$$F(t,\ s) = \begin{cases} \dfrac{1}{2}t(1-s)^2, & 0 \leqslant t \leqslant s \leqslant 1 \\ \dfrac{1}{2}(1-t)(t-s^2), & 0 \leqslant s \leqslant t \leqslant 1 \end{cases} \tag{3.30}$$

证明：由 (3.29) 可知

$$u(t) = u(0) + u'(0)t - \frac{1}{2}\int_0^t (t-s)^2 y(s)\mathrm{d}s, \quad 0 \leqslant t \leqslant 1$$

得到

$$u'(0) = u(1) - u(0) + \frac{1}{2}\int_0^1 (1-s)^2 y(s)\mathrm{d}s$$

结合边值问题 (3.29) 的边界条件得:

$$u(t) = \Big(\beta + (\gamma - \beta)t\Big)u(\eta) + \lambda[u] + \int_0^1 F(t,\ s)y(s)\mathrm{d}s, \quad 0 \leqslant t \leqslant 1$$

所以

$$u(\eta) = \frac{1}{1 - \beta - (\gamma - \beta)\eta}\lambda[u]$$
$$+ \frac{1}{1 - \beta - (\gamma - \beta)\eta}\int_0^1 F(\eta,\ s)y(s)\mathrm{d}s, \quad 0 \leqslant t \leqslant 1$$

这样一来, 得到边值问题 (3.29) 的解

$$u(t) = \frac{1 - (\gamma - \beta)\eta + (\gamma - \beta)t}{1 - \beta - (\gamma - \beta)\eta} \lambda[u]$$
$$+ \frac{\beta + (\gamma - \beta)t}{1 - \beta - (\gamma - \beta)\eta} \int_0^1 F(\eta,\ s)y(s)\mathrm{d}s + \int_0^1 F(t,\ s)y(s)\mathrm{d}s$$

定义算子 $T : P \to E$ 为

$$
\begin{aligned}
(Tu)(t) = {} & \frac{1 - (\gamma - \beta)\eta + (\gamma - \beta)t}{1 - \beta - (\gamma - \beta)\eta} \lambda[u] \\
& + \frac{\beta + (\gamma - \beta)t}{1 - \beta - (\gamma - \beta)\eta} \int_0^1 F(\eta, \, s)q(s)f(s, \, u(\alpha(s))){\rm d}s \qquad (3.31) \\
& + \int_0^1 F(t, \, s)q(s)f(s, \, u(\alpha(s))){\rm d}s
\end{aligned}
$$

则由引理 3.3.1 可知，边值问题 (3.27) 和 (3.28) 有解 $u = u(t)$ 当且仅当 u 是 T 的不动点.

接下来的讨论中，假设以下条件总成立.

(H_1): $f(t, \, x) \in C([0, \, 1] \times [0, \, +\infty) \to [0, \, +\infty))$;

(H_2): $q(t)$ 是 $[0, \, 1]$ 上的非负连续泛函，且在 $[0, \, 1]$ 的任意子区间上满足 $q(t) \not\equiv 0$;

(H_3): $\displaystyle\int_0^1 {\rm d}\Lambda(t) \geqslant 0$, $\displaystyle\int_0^1 t{\rm d}\Lambda(t) \geqslant 0$, $\displaystyle\int_0^1 F(t, \, s){\rm d}\Lambda(t) \geqslant 0$, $\quad 0 < s < 1$;

(H_4): $1 - \beta - (\gamma - \beta)\eta > 0$.

引理 3.3.2 对于式 (3.31) 中定义的算子 $T : P \to P$ 是全连续算子.

证明：由 T 的定义易知，对于 $\forall u \in P$，有 $Tu \in C[0, 1]$ 并且满足边值问题 (3.27) 和 (3.28).

此外，由式 (3.31) 可知

$$
(Tu)''(t) = -\int_0^t q(s)f(s, \, u(\alpha(s))){\rm d}s \leqslant 0
$$

可得 $(Tu)(t)$ 在 $[0, 1]$ 上是凹的. 且

$$
\begin{aligned}
(Tu)(0) = {} & \frac{1 - (\gamma - \beta)\eta}{1 - \beta - (\gamma - \beta)\eta} \lambda[u] \\
& + \frac{\beta}{1 - \beta - (\gamma - \beta)\eta} \int_0^1 F(\eta, \, s)q(s)f(s, \, u(\alpha(s))){\rm d}s \geqslant 0 \\
(Tu)(1) = {} & \frac{1 - (\gamma - \beta)\eta + (\gamma - \beta)}{1 - \beta - (\gamma - \beta)\eta} \lambda[u]
\end{aligned}
$$

$$+ \frac{\gamma}{1 - \beta - (\gamma - \beta)\eta} \int_0^1 F(\eta,\, s)q(s)f(s,\, u(\alpha(s)))\mathrm{d}s \geqslant 0$$

则

$$(Tu)(t) \geqslant 0, \quad 0 \leqslant t \leqslant 1$$

根据条件 (H_3)，可得

$$
\begin{aligned}
\Lambda[Tu] = \int_0^1 \Bigg(& \frac{1 - (\gamma - \beta)\eta + (\gamma - \beta)t}{1 - \beta - (\gamma - \beta)\eta}\lambda[u] \\
& + \frac{\beta + (\gamma - \beta)t}{1 - \beta - (\gamma - \beta)\eta} \int_0^1 F(\eta,\, s)q(s)f(s,\, u(\alpha(s)))\mathrm{d}s \\
& + \int_0^1 F(t,\, s)q(s)f(s,\, u(\alpha(s)))\mathrm{d}s \Bigg)\mathrm{d}\Lambda(t) \geqslant 0
\end{aligned}
$$

另外，需证

$$\min_{\eta \leqslant t \leqslant 1}(Tu)(t) \geqslant \delta\|Tu\|$$

根据 Tu 的凹性可知，存在 $\sigma \in [0,\, 1]$，使得 $\|Tu\| = (Tu)(\sigma)$.

当 $\eta \geqslant \sigma$ 时，则

$$\min_{\eta \leqslant t \leqslant 1}(Tu)(t) = (Tu)(1)$$

且

$$\frac{(Tu)(\sigma) - (Tu)(1)}{1 - \sigma} \leqslant \frac{(Tu)(\eta) - (Tu)(1)}{1 - \eta}$$

则

$$\|Tu\| \leqslant \frac{1}{1 - \eta}(Tu)(\eta) - \frac{\eta}{1 - \eta}(Tu)(1)$$

结合边界条件 (3.28) 得

$$\min_{\eta \leqslant t \leqslant 1}(Tu)(t) \geqslant \frac{\gamma(1 - \eta)}{1 - \gamma\eta}\|Tu\| \tag{3.32}$$

当 $\eta < \sigma$ 时，则

$$\min_{\eta \leqslant t \leqslant 1}(Tu)(t) = \min\{(Tu)(\eta),\, (Tu)(1)\}$$

且

$$\frac{(Tu)(\sigma) - (Tu)(0)}{\sigma} \leqslant \frac{(Tu)(\eta) - (Tu)(0)}{\eta}$$

则

$$\|Tu\| \leqslant \frac{1}{\eta}(Tu)(\eta) - \frac{1-\eta}{\eta}(Tu)(0)$$

结合边界条件 (3.28) 得

$$(Tu)(\eta) \geqslant \frac{\eta}{1 - \beta(1-\eta)}\|Tu\|$$

$$(Tu)(1) \geqslant \frac{\gamma\eta}{1 - \beta(1-\eta)}\|Tu\|$$

因此，可得

$$\min_{\eta \leqslant t \leqslant 1}(Tu)(t) \geqslant \frac{\gamma\eta}{1 - \beta(1-\eta)}\|Tu\| \tag{3.33}$$

由式 (3.32) 和式 (3.33)，可以得到

$$\min_{\eta \leqslant t \leqslant 1}(Tu)(t) \geqslant \delta\|Tu\|$$

由此，$T : P \to P$.

接着讨论 T 的全连续性.

T 的连续性易得，来看 T 的紧性. 令 $\Omega \subset P$ 是有界集，易证 $T\Omega$ 是有界的，并且是一致连续的，因此，由 Arzela-Ascoli 定理可知，$T\Omega$ 是相对紧集，也即 T 是紧算子.

从而得到，$T : P \to P$ 是全连续算子.

3.3.2　边值问题 (3.27) 和 (3.28) 的迭代正解

方便起见，记

$$A = \frac{\dfrac{\gamma}{1 - \beta - (\gamma - \beta)\eta}\displaystyle\int_0^1 F(\eta, s)q(s)\mathrm{d}s + \int_0^1 \frac{1}{8}(1+s)^2(1-s)^2 q(s)\mathrm{d}s}{1 - \dfrac{1 + (\gamma - \beta)(1-\eta)}{1 - \beta - (\gamma - \beta)\eta}\displaystyle\int_0^1 \mathrm{d}\Lambda(t)}$$

$$B = \frac{\gamma}{1 - \beta - (\gamma - \beta)\eta} \int_\eta^1 F(\eta,\, s) q(s) \mathrm{d}s$$

定理 3.3.1 假设条件 (H_1)—(H_4) 成立, 而且存在常数 $0 < b < a$, 使得

(H_5): $f(t,\, x_1) \leqslant f(t,\, x_2)$ 对任意的 $0 \leqslant t \leqslant 1$, $0 \leqslant x_1 \leqslant x_2 \leqslant a$;

(H_6): $\displaystyle\sup_{0 \leqslant t \leqslant 1} f(t,\, a) \leqslant \frac{a}{A}$, $\displaystyle\inf_{\eta \leqslant t \leqslant 1} f(t,\, \delta b) \geqslant \frac{b}{B}$;

(H_7): $f(t,\, 0) \not\equiv 0$, $0 \leqslant t \leqslant 1$.

则边值问题 (3.27) 和 (3.28) 存在凹的正解 w^* 和 v^*, 满足

$$b \leqslant \|w^*\| \leqslant a, \qquad \min_{\eta \leqslant t \leqslant 1} w^*(t) \geqslant \delta \|w^*\|$$

$$\text{且} \quad w^* = \lim_{n \to \infty} w_n = \lim_{n \to \infty} T^n w_0$$

$$\text{其中} \quad w_0(t) = a, \quad 0 \leqslant t \leqslant 1$$

$$b \leqslant \|v^*\| \leqslant a, \qquad \min_{\eta \leqslant t \leqslant 1} v^*(t) \geqslant \delta \|v^*\|$$

$$\text{且} \quad v^* = \lim_{n \to \infty} v_n = \lim_{n \to \infty} T^n v_0$$

$$\text{其中} \quad v_0(t) = \frac{b}{\gamma} \left(\beta + (\gamma - \beta)t \right), \quad 0 \leqslant t \leqslant 1$$

其中, $(Tu)(t)$ 如式 (3.31) 所定义.

此定理中的迭代序列为 $w_0(t) = a$, $w_{n+1} = Tw_n = T^n w_0$, $n = 0,\, 1,\, 2,\, \cdots$ 和 $v_0(t) = \dfrac{b}{\gamma} \left(\beta + (\gamma - \beta)t \right)$, $v_{n+1} = Tv_n = T^n v_0$, $n = 0,\, 1,\, 2,\, \cdots$. 它们分别是从一个常函数和一个简单的线性函数开始迭代的.

证明: 记

$$P[b,\, a] = \{u \in P \mid b \leqslant \|u\| \leqslant a\}$$

首先, 来证明

$$T : P[b,\, a] \to P[b,\, a]$$

如果 $u \in P[b,\, a]$, 则

$$0 \leqslant u(t) \leqslant \max_{0 \leqslant t \leqslant 1} u(t) = \|u\| \leqslant a, \qquad \min_{\eta \leqslant t \leqslant 1} u(t) \geqslant \delta \|u\| \geqslant \delta b$$

因此，由条件 H_5 和 H_6 可知

$$0 \leqslant f(t,\, u(t)) \leqslant f(t,\, a) \leqslant \sup_{0 \leqslant t \leqslant 1} f(t,\, a) \leqslant \frac{a}{A}, \quad 0 \leqslant t \leqslant 1$$

$$f(t,\, u(t)) \geqslant f(t,\, \delta b) \geqslant \inf_{\eta \leqslant t \leqslant 1} f(t,\, \delta b) \geqslant \frac{b}{B}, \quad \eta \leqslant t \leqslant 1$$

对于任意的 $u \in P[b,\, a]$，由引理 3.3.2 可知，$Tu \in P$ 且

$$
\begin{aligned}
\|(Tu)(t)\| &= \max_{0 \leqslant t \leqslant 1} (Tu)(t) \\
&\leqslant \frac{1 - (\gamma - \beta)\eta + (\gamma - \beta)}{1 - \beta - (\gamma - \beta)\eta} \lambda[u] \\
&\quad + \frac{\beta + (\gamma - \beta)}{1 - \beta - (\gamma - \beta)\eta} \int_0^1 F(\eta,\, s) q(s) f(s,\, u(\alpha(s))) \mathrm{d}s \\
&\quad + \int_0^1 \frac{1}{8}(1 + s)^2 (1 - s)^2 q(s) f(s,\, u(\alpha(s))) \mathrm{d}s \\
&\leqslant a\, \frac{1 + (\gamma - \beta)(1 - \eta)}{1 - \beta - (\gamma - \beta)\eta} \int_0^1 \mathrm{d}\Lambda(t) \\
&\quad + \frac{a}{A} \frac{\gamma}{1 - \beta - (\gamma - \beta)\eta} \int_0^1 F(\eta,\, s) q(s) \mathrm{d}s \\
&\quad + \frac{a}{A} \int_0^1 \frac{1}{8}(1 + s)^2 (1 - s)^2 q(s) \mathrm{d}s \\
&\leqslant a \left(\frac{1 + (\gamma - \beta)(1 - \eta)}{1 - \beta - (\gamma - \beta)\eta} \int_0^1 \mathrm{d}\Lambda(t) \right. \\
&\quad + \frac{1}{A} \frac{\gamma}{1 - \beta - (\gamma - \beta)\eta} \int_0^1 F(\eta,\, s) q(s) \mathrm{d}s \\
&\quad \left. + \frac{1}{A} \int_0^1 \frac{1}{8}(1 + s)^2 (1 - s)^2 q(s) \mathrm{d}s \right) \\
&= a
\end{aligned}
$$

以及

$$\|(Tu)(t)\| = \max_{0 \leqslant t \leqslant 1} (Tu)(t)$$

$$\geqslant \frac{1}{1-\beta-(\gamma-\beta)\eta}\lambda[u]$$

$$+\frac{\beta+(\gamma-\beta)\eta}{1-\beta-(\gamma-\beta)\eta}\int_0^1 F(\eta,\,s)q(s)f(s,\,u(\alpha(s)))\mathrm{d}s$$

$$+\int_0^1 F(\eta,\,s)q(s)f(s,\,u(\alpha(s)))\mathrm{d}s$$

$$\geqslant \frac{1}{1-\beta-(\gamma-\beta)\eta}\int_\eta^1 F(\eta,\,s)q(s)f(s,\,u(\alpha(s)))\mathrm{d}s$$

$$\geqslant \frac{b}{B}\frac{1}{1-\beta-(\gamma-\beta)\eta}\int_\eta^1 F(\eta,\,s)q(s)\mathrm{d}s$$

$$\geqslant b$$

由此

$$b \leqslant \|Tu\| \leqslant a$$

所以可得

$$T:P[b,\,a]\to P[b,\,a]$$

取 $w_0(t)=a$, $0\leqslant t\leqslant 1$, 则 $w_0(t)\in P[b,\,a]$.

令 $w_1=Tw_0$, 则 $w_1\in P[b,\,a]$.

记 $w_{n+1}=Tw_n$, $n=0,\,1,\,2,\,\cdots$, 则 $w_n\subseteq P[b,\,a]$, $n=1,\,2,\,\cdots$

由于 T 是全连续的, 于是我们断言 $\{w_n\}_{n=1}^\infty$ 有一个收敛子列 $\{w_{n_k}\}_{k=1}^\infty$ 和 $w^*\in P[b,\,a]$, 使得 $w_{n_k}\to w^*$.

由于

$$w_1(t)=Tw_0(t)\leqslant a=w_0(t)$$

$$w_2(t)=Tw_1(t)\leqslant Tw_0(t)=w_1(t)$$

则以此类推, 得

$$w_{n+1}\leqslant w_n,\quad 0\leqslant t\leqslant 1,\quad n=0,\,1,\,2,\,\cdots$$

由此, 得到存在 $w^*\in P[b,\,a]$ 使得 $w_n\to w^*$. 结合算子 T 的连续性以及 $w_{n+1}=Tw_n$ 得, $Tw^*=w^*$.

另一种迭代途径，是从简单的线性函数开始迭代.

取 $v_0(t) = \dfrac{b}{\gamma}\left(\beta + (\gamma - \beta)t\right)$，$0 \leqslant t \leqslant 1$，则 $v_0(t) \in P[b,\,a]$.

令 $v_1 = Tv_0$，则 $v_1 \in P[b,\,a]$.

记 $v_{n+1} = Tv_n$，$n = 0,\,1,\,2,\,\cdots$，则 $v_n \subseteq P[b,\,a]$，$n = 1,\,2,\,\cdots$

由于 T 是全连续的，易知 $\{v_n\}_{n=1}^{\infty}$ 是等度连续的.

类似地，由于 $v_1 = Tv_0 \in P[b,\,a]$，且

$$
\begin{aligned}
v_1 &= Tv_0(t) \\
&= \frac{1 - (\gamma - \beta)\eta + (\gamma - \beta)t}{1 - \beta - (\gamma - \beta)\eta}\lambda[u] \\
&\quad + \frac{\beta + (\gamma - \beta)t}{1 - \beta - (\gamma - \beta)\eta}\int_0^1 F(\eta,\,s)q(s)f(s,\,v_0(\alpha(s)))\mathrm{d}s \\
&\quad + \int_0^1 F(t,\,s)q(s)f(s,\,v_0(\alpha(s)))\mathrm{d}s \\
&\geqslant \frac{\beta + (\gamma - \beta)t}{1 - \beta - (\gamma - \beta)\eta}\int_\eta^1 F(\eta,\,s)q(s)f(s,\,v_0(\alpha(s)))\mathrm{d}s \\
&\geqslant \frac{1}{\gamma}\,b\,(\beta + (\gamma - \beta)t) \\
&= v_0(t)
\end{aligned}
$$

以此类推，可得

$$
v_{n+1} \geqslant v_n, \quad 0 \leqslant t \leqslant 1, \quad n = 0,\,1,\,2,\,\cdots
$$

由此得，存在 $v^* \in P[b,\,a]$，使得 $v_n \to v^*$.

结合算子 T 的连续性以及 $v_{n+1} = Tv_n$，可得 $Tv^* = v^*$.

条件 (H_7) 表明，$f(t,\,0) \not\equiv 0$，$0 \leqslant t \leqslant 1$，则零解不是边值问题 (3.27) 和 (3.28) 的解. 因此，$v^* > 0$，$0 < t < 1$.

由于算子 T 在 P 中的每一个不动点是边值问题 (3.27) 和 (3.28) 的解. 因此，我们断言边值问题 (3.27) 和 (3.28) 存在单调不减的凹的正解 w^* 和 v^*.

如果 $\lim\limits_{n\to\infty} w_n \neq \lim\limits_{n\to\infty} v_n$，则 w^* 与 v^* 是边值问题 (3.27) 和 (3.28) 的两个单调不减的凹的正解. 而如果 $\lim\limits_{n\to\infty} w_n = \lim\limits_{n\to\infty} v_n$，则 $w^* = v^*$ 是边值问题 (3.27) 和 (3.28) 的一个单调不减的凹的正解.

至此，定理得证.

推论 3.3.1 假设条件 (H_1)、(H_5) 和 (H_7) 成立，并且存在常数 $a > 0$，使得

(H_8)：$\varlimsup\limits_{l\to 0} \inf\limits_{\eta \leqslant t \leqslant 1} \dfrac{f(t,\, l)}{l} > \dfrac{1}{\delta B}$，$\lim\limits_{l\to +\infty} \sup\limits_{0 \leqslant t \leqslant 1} \dfrac{f(t,\, l)}{l} < \dfrac{1}{A}$，

（特别地，$\varlimsup\limits_{l\to 0} \inf\limits_{\eta \leqslant t \leqslant 1} \dfrac{f(t,\, l)}{l} = +\infty$，$\lim\limits_{l\to +\infty} \sup\limits_{0 \leqslant t \leqslant 1} \dfrac{f(t,\, l)}{l} = 0$）.

则定理 3.3.1 中的结论仍然成立（这时取 $0 < a \ll 1$）.

下面的例子是本节中主要定理的直观应用.

例 3.3.1 令边值问题 (3.27) 和 (3.28) 中 $q(t) = 1$，$\eta = \dfrac{1}{2}$，考虑如下边值问题的迭代正解

$$\begin{cases} u'''(t) + f(t,\, u(\alpha(t))) = 0, & 0 < t < 1 \\ u(0) = \dfrac{1}{4}u\left(\dfrac{1}{2}\right) + \lambda[u], & u''(0) = 0, \quad u(1) = \dfrac{1}{2}u\left(\dfrac{1}{2}\right) + \lambda[u] \end{cases} \tag{3.34}$$

其中

$$\lambda[u] = \int_0^1 (2t-1)u(t)\mathrm{d}t$$

$$f(t,\, u(\alpha(t))) = t + 130\big(u(\sqrt{t})\big)^{\frac{1}{16}}$$

解 易得

$$\delta = \dfrac{2}{7}, \quad A = \dfrac{7}{60}, \quad B = \dfrac{1}{120}$$

可验证条件 (H_1)—(H_5)，(H_7) 成立，取 $b = 1$，$a = 21$，则

$$\sup_{0 \leqslant t \leqslant 1} f(t,\, a) \leqslant \dfrac{a}{A}, \quad \inf_{\frac{1}{2} \leqslant t \leqslant 1} f\left(t,\, \dfrac{2}{7}b\right) \geqslant \dfrac{b}{B}$$

则由定理 3.3.1 可知，边值问题 (3.34) 存在凹的正解 w^* 和 v^*，使得

$$1 \leqslant \|w^*\| \leqslant 21, \qquad \min_{\frac{1}{2} \leqslant t \leqslant 1} w^*(t) \geqslant \frac{2}{7}\|w^*\|$$

且 $w^* = \lim_{n\to\infty} w_n = \lim_{n\to\infty} T^n w_0$，其中 $w_0(t) = 21$，$0 \leqslant t \leqslant 1$

$$1 \leqslant \|v^*\| \leqslant 21, \qquad \min_{\frac{1}{2} \leqslant t \leqslant 1} v^*(t) \geqslant \frac{2}{7}\|v^*\|$$

且 $v^* = \lim_{n\to\infty} v_n = \lim_{n\to\infty} T^n v_0$，其中 $v_0(t) = \frac{1}{2} + \frac{1}{2}t$，$0 \leqslant t \leqslant 1$

其中，$(Tu)(t)$ 如式 (3.31) 所定义.

以下列出这两个迭代序列：

$$w_0(t) = 21, \quad 0 \leqslant t \leqslant 1$$

$$w_1(t) = -\frac{1}{24}t^4 - \frac{65 \times 7^{\frac{1}{16}}}{3^{\frac{15}{16}}}t^3 + \left(\frac{47}{960} + \frac{299 \times 7^{\frac{1}{16}}}{4 \times 3^{\frac{15}{16}}}\right)t + \frac{7}{960} + \frac{13 \times 21^{\frac{1}{16}}}{4},$$
$$0 \leqslant t \leqslant 1$$

$$\vdots$$

$$\begin{aligned}
w_{n+1}(t) &= (Tw_n)(t)\\
&= \frac{1}{5}(7+2t)\int_0^1 (2t-1)w_n(t)\mathrm{d}t\\
&\quad + \frac{2}{5}(1+t)\int_0^1 F\left(\frac{1}{2},\, s\right)\left(s + 130\big(w_n(\sqrt{s})\big)^{\frac{1}{16}}\right)\mathrm{d}s\\
&\quad + \int_0^1 F(t,\, s)\left(s + 130\big(w_n(\sqrt{s})\big)^{\frac{1}{16}}\right)\mathrm{d}s, \qquad 0 \leqslant t \leqslant 1
\end{aligned}$$

和

$$v_0(t) = \frac{1}{2} + \frac{1}{2}t, \quad 0 \leqslant t \leqslant 1$$

$$\begin{aligned}
v_1(t) = &-\frac{1}{24}t^4 - \frac{32768 \times 2^{\frac{15}{16}}(1+\sqrt{t})^{\frac{1}{16}}}{3201}t^3 - \frac{95977472 \times 2^{\frac{15}{16}}(1+\sqrt{t})^{\frac{1}{16}}}{71993691}t^{\frac{5}{2}}\\
&+ \frac{2078769152 \times 2^{\frac{15}{16}}(1+\sqrt{t})^{\frac{1}{16}}}{3201}t^2 - \frac{16640 \times 2^{\frac{15}{16}}}{561}t^2
\end{aligned}$$

$$+ \frac{113410048 \times 2^{\frac{15}{16}}(1+\sqrt{t})^{\frac{1}{16}}}{71993691} t^{\frac{3}{2}} - \cdots + \frac{48825821}{123197760}, \qquad 0 \leqslant t \leqslant 1$$

$$\vdots$$

$$v_{n+1}(t) = (Tv_n)(t)$$

$$= \frac{1}{5}(7+2t) \int_0^1 (2t-1)v_n(t)\mathrm{d}t$$

$$+ \frac{2}{5}(1+t) \int_0^1 F\left(\frac{1}{2},\ s\right) \left(s + 130\bigl(v_n(\sqrt{s})\bigr)^{\frac{1}{16}}\right)\mathrm{d}s$$

$$+ \int_0^1 F(t,\ s)\bigl(s + 130\bigl(v_n(\sqrt{s})\bigr)^{\frac{1}{16}}\bigr)\mathrm{d}s, \qquad 0 \leqslant t \leqslant 1$$

第 4 章

四阶微分方程边值问题迭代解

四阶微分方程边值问题的研究有很强的实际背景, 在多个领域中, 特别是物理学、航天、生物学等, 这类问题经常出现, 如研究梁的受力情况导出的数学模型, 就是一个四阶微分方程.

本章中, 研究两类四阶微分方程边值问题迭代解的存在性, 内容分别取材于参考文献 [61] 和 [62]. 更多有关四阶常微分方程边值问题的解的讨论, 请参看参考文献 [63]—[75] 及其相关内容.

4.1 四阶四点边值问题的迭代解

本节运用上下解方法结合单调迭代技巧, 研究下列四阶四点边值问题

$$\begin{cases} u^{(4)}(t) = f(t,\, u,\, u''), \quad t \in [0,\, 1] = I \\ u(0) = 0, \quad (1) = au(\eta) \\ u''(0) = 0, \quad u''(1) = bu''(\xi) \end{cases} \tag{4.1}$$

其中, $\eta,\, \xi \in [0,\, 1)$, $a,\, b \geqslant 0$.

对 $f(t,\, u,\, v)$ 的要求, 从以往的需要具备单调性, 减弱成如下条件

$$\begin{aligned} f(t,\, u_2,\, v) - f(t,\, u_1,\, v) &\geqslant -\lambda_1(u_2 - u_1), \quad u_1 \leqslant u_2 \\ f(t,\, u,\, v_2) - f(t,\, u,\, v_1) &\leqslant \lambda_2(v_2 - v_1), \quad v_1 \leqslant v_2 \end{aligned} \tag{4.2}$$

其中, λ_1 和 λ_2 是两个非负常数. 式 (4.2) 表明, $f(t, u, v)$ 关于 u 弱增, 关于 v 弱减.

事实上, 满足式 (4.2) 而不满足单调性的函数非常普遍, 比如, $f(t, u, v) = \sin(u + v)$.

记 $E = C[0, 1]$, 其中范数定义为

$$\|w\| := \max_{0 \leqslant t \leqslant 1} |w(t)|$$

则 E 为 Banach 空间.

4.1.1 准备工作

定义 4.1.1 称 u 是边值问题 (4.1) 的**上解**, 是指 $u \in C^4[0, 1]$, 且满足:

$$\begin{cases} u^{(4)}(t) \geqslant f(t, u, u''), & t \in I \\ u(0) = 0, \quad u(1) = au(\eta) \\ u''(0) \leqslant 0, \quad u''(1) \leqslant bu''(\xi) \end{cases}$$

如果上式中不等式是反向的, 称 u 是边值问题 (4.1) 的**下解**; 如果上式中等式是成立的, 称 u 是边值问题 (4.1) 的**解**.

引理 4.1.1 假设 $0 \leqslant a\eta < 1$. 若 $a(t) \in E$, 则下列二阶三点边值问题

$$\begin{cases} -y'' = a(t), & t \in I \\ y(0) = 0, \quad y(1) = ay(\eta) \end{cases} \tag{4.3}$$

的唯一解是

$$y(t) = \int_0^1 G_{[a, \eta]}(t, s)a(s)\mathrm{d}s, \quad t \in I$$

其中, $G_{[a, \eta]}(t, s)$ 是

$$\begin{cases} -y'' = 0, & t \in I \\ y(0) = 0, \quad y(1) = ay(\eta) \end{cases}$$

的格林函数

$$
G_{[a,\,\eta]}(t,\,s) = \begin{cases} s \in [0,\,\eta]: \begin{cases} \dfrac{t}{1-a\eta}[(1-s)-a(\eta-s)], & t \leqslant s \\[2ex] \dfrac{s}{1-a\eta}[(1-t)-a(\eta-t)], & s \leqslant t \end{cases} \\[6ex] s \in [\eta,\,1]: \begin{cases} \dfrac{1}{1-a\eta}t(1-s), & t \leqslant s \\[2ex] \dfrac{1}{1-a\eta}[s(1-t)+a\eta(t-s)], & s \leqslant t \end{cases} \end{cases}
$$

注 4.1.1 正如引理 4.1.1 中，当

$$0 \leqslant b\xi < 1$$

得到

$$
\begin{cases} -y'' = 0, & t \in I \\ y(0) = 0, & y(1) = by(\xi) \end{cases}
$$

的格林函数

$$
G_{[b,\,\xi]}(t,\,s) = \begin{cases} s \in [0,\,\xi]: \begin{cases} \dfrac{t}{1-b\xi}[(1-s)-b(\xi-s)], & t \leqslant s \\[2ex] \dfrac{s}{1-b\xi}[(1-t)-b(\xi-t)], & s \leqslant t \end{cases} \\[6ex] s \in [\xi,\,1]: \begin{cases} \dfrac{1}{1-b\xi}t(1-s), & t \leqslant s \\[2ex] \dfrac{1}{1-b\xi}[s(1-t)+b\xi(t-s)], & s \leqslant t \end{cases} \end{cases}
$$

引理 4.1.2 假设 $0 \leqslant a\eta < 1$. 则 $G_{[a,\,\eta]}(t,\,s)$ 有如下性质:
(1) $G_{[a,\,\eta]}(t,\,s) \in C[I \times I,\ \mathbf{R}]$ 且有

$$G_{[a,\,\eta]}(t,\,s) \geqslant 0, \quad (t,\,s) \in I \times I$$

$$G_{[a,\,\eta]}(t,\,s) > 0, \quad (t,\,s) \in (0,\,1) \times (0,\,1)$$

(2) $\displaystyle\int_0^1 G_{[a,\,\eta]}(t,\,s)\mathrm{d}s = -\frac{1}{2}t^2 + \frac{1-a\eta^2}{2(1-a\eta)}t$

记

$$M_{[a,\,\eta]} = \max_{t\in[0,\,1]}\int_0^1 G_{[a,\,\eta]}(t,\,s)\mathrm{d}s$$

则

$$M_{[a,\,\eta]} = \begin{cases} \dfrac{1}{8}\left(\dfrac{1-a\eta^2}{1-a\eta}\right)^2, & a\eta(2-\eta)\leqslant 1 \\[3mm] \dfrac{a\eta(1-\eta)}{2(1-a\eta)}, & a\eta(2-\eta)\geqslant 1 \end{cases}$$

(3) $\displaystyle\int_0^1 \left|\frac{\partial}{\partial t}G_{[a,\,\eta]}(t,\,s)\right|\mathrm{d}s = \frac{1+a\eta^2}{2(1-a\eta)}+t$

记

$$\hat{M}_{[a,\,\eta]} = \max_{t\in[0,\,1]}\int_0^1 \left|\frac{\partial}{\partial t}G_{[a,\,\eta]}(t,\,s)\right|\mathrm{d}s$$

则

$$\hat{M}_{[a,\,\eta]} = \frac{3-2a\eta+a\eta^2}{2(1-a\eta)}$$

证明：经计算可得，详细证明略.

注 4.1.2 当 $0\leqslant a\leqslant 1$ 时，可以证明

$$M_{[a,\,\eta]}\leqslant\frac{1}{2}$$

注 4.1.3 正如引理 4.1.2 中，得到相应于 $G_{[b,\,\xi]}(t,\,s)$ 的两个常数 $M_{[b,\,\xi]}$ 和 $\hat{M}_{[b,\,\xi]}$.

下面给出最大值原理.

引理 4.1.3 假设 $0\leqslant a\eta<1$，$0\leqslant b<1$. 对任意非负常数 λ_1，λ_2，且满足 $0\leqslant M_{[a,\,\eta]}\lambda_1+\lambda_2\leqslant 2$. 如果 $m(t)\in C^4[0,\,1]$ 满足

$$\begin{cases} m^{(4)}(t)+\lambda_1 m(t)-\lambda_2 m''(t)\geqslant 0, & t\in I \\[2mm] m(0)=0, \quad m(1)=am(\eta) \\[2mm] m''(0)\leqslant 0, \quad m''(1)\leqslant bm(\xi) \end{cases} \qquad (4.4)$$

则

$$m(t) \geqslant 0, \ m''(t) \leqslant 0, \ t \in I$$

证明：记 $k(t) = m''(t)$. 由引理 4.1.1 得

$$m(t) = -\int_0^1 G_{[a, \eta]}(t, \ s)k(s)\mathrm{d}s$$

此时边值问题 (4.4) 转化成

$$\begin{cases} k''(t) \geqslant \lambda_1 \displaystyle\int_0^1 G_{[a, \eta]}(t, \ s)k(s)\mathrm{d}s + \lambda_2 k(t), & t \in I \\ k(0) \leqslant 0, \quad k(1) \leqslant bk(\xi) \end{cases} \tag{4.5}$$

为了证明

$$m(t) \geqslant 0$$

由

$$m(t) = -\int_0^1 G_{[a, \ \eta]}(t, \ s)k(s)\mathrm{d}s$$

及

$$G_{[a, \ \eta]}(t, \ s) \geqslant 0$$

可知，仅需证明

$$k(t) \leqslant 0, \quad t \in I$$

情形 1：$\lambda_1 = \lambda_2 = 0$.
则

$$k''(t) \geqslant 0$$

即 $k(t)$ 在 I 上是凸的.
如果 $b = 0$，则由 $k(t)$ 的凸性及 $k(0) \leqslant 0$，$k(1) \leqslant 0$，显然得

$$k(t) \leqslant 0, \quad t \in I$$

如果 $b \neq 0$, 假定 $k(1) > 0$, 则

$$0 < k(1) \leqslant bk(\xi) < k(\xi)$$

从而, 由 $k(t)$ 的凸性可得

$$0 < \frac{k(\xi) - k(0)}{\xi} \leqslant \frac{k(1) - k(\xi)}{1 - \xi} < 0$$

矛盾.

因此, $k(1) \leqslant 0$, 结论得证.

情形 2: $\lambda_1 = 0$, $\lambda_2 \neq 0$.

假设 $k(t) \leqslant 0$, $t \in I$ 不成立, 则存在 $t_0 \in I$, 使得

$$k(t_0) = \max_{t \in I} k(t) > 0$$

显然, $t_0 \neq 0$; 如果 $t_0 = 1$, 则

$$0 < k(1) \leqslant bk(\xi) < k(\xi) \leqslant k(1)$$

矛盾. 因此 $t_0 \neq 1$.

从而, $t_0 \in (0, 1)$ 且

$$k'(t_0) = 0, \quad k''(t_0) \leqslant 0$$

由边值问题 (4.5) 得

$$0 \geqslant k''(t_0) \geqslant \lambda_2 k(t_0) > 0$$

矛盾. 从而, 结论

$$k(t) \leqslant 0, \quad t \in I$$

成立.

情形 3: $\lambda_1 \neq 0$.

假设 $k(t) \leqslant 0$, $t \in I$ 不成立, 正如**情形 2**中所证, 存在 $t_0 \in (0, 1)$, 使得

$$k(t_0) = \max_{t \in I} k(t) > 0, \quad k'(t_0) = 0, \quad k''(t_0) \leqslant 0$$

因此，有

$$0 \geqslant k''(t_0) \geqslant \lambda_1 \int_0^1 G_{[a,\,\eta]}(t_0,\,s)k(s)\mathrm{d}s + \lambda_2 k(t_0)$$

也即

$$\int_0^1 G_{[a,\,\eta]}(t_0,\,s)k(s)\mathrm{d}s \leqslant 0$$

由

$$G_{[a,\,\eta]}(t_0,\,t_0)k(t_0) > 0$$

可断定，存在 $t_1 \in [0,\quad 1]$，使得

$$G_{[a,\,\eta]}(t_0,\,t_1)k(t_1) < 0$$

则 $k(t_1) < 0$.

因此，存在 $t_2 \in [0,\,1]$，使得

$$m = k(t_2) = \min_{t \in [0,\,1]} k(t) < 0$$

由泰勒公式得，$\sigma \in (t_2,\,t_0)$（或 $(t_0,\,t_2)$），使得

$$m = k(t_2)$$
$$= k(t_0) + k'(t_0)(t_2 - t_0) + \frac{k''(\sigma)}{2}(t_2 - t_0)^2$$
$$= k(t_0) + \frac{k''(\sigma)}{2}(t_2 - t_0)^2$$

注意到 $m < 0$，得

$$k''(\sigma) = \frac{2(m - k(t_0))}{(t_2 - t_0)^2}$$
$$< \frac{2m}{(t_2 - t_0)^2}$$
$$< 2m$$

进一步，由边值问题 (4.5) 得

$$2m > k''(\sigma)$$

$$\geqslant \lambda_1 \int_0^1 G_{[a,\,\eta]}(\sigma,\,s)k(s)\mathrm{d}s + \lambda_2 k(\sigma)$$

$$\geqslant \lambda_1 \int_0^1 G_{[a,\,\eta]}(\sigma,\,s)m\mathrm{d}s + \lambda_2 m$$

因此

$$2 < \lambda_1 \int_0^1 G_{[a,\,\eta]}(\sigma,\,s)\mathrm{d}s + \lambda_2$$

$$\leqslant \lambda_1 M_{[a,\,\eta]} + \lambda_2$$

矛盾. 从而结论 $k(t) \leqslant 0,\ t \in I$ 成立.

综上，得 $k(t) \leqslant 0,\ t \in I$.

因此，$m(t) \geqslant 0$.

引理 4.1.4　假设 $1 - a\eta > 0$ 且 $1 - b\xi > 0$. λ_1, λ_2 为任意非负常数, 且满足

$$0 \leqslant M_{[b,\,\xi]}\left(\lambda_1 M_{[a,\,\eta]} + \lambda_2\right) < 1$$

其中, $M_{[b,\,\xi]}$ 和 $M_{[a,\,\eta]}$ 是引理 4.1.2 中定义的两个常数.

则对 $\forall \bar{a}(t) \in C[0,\,1]$, 下面边值问题

$$\begin{cases} u^{(4)}(t) + \lambda_1 u - \lambda_2 u'' = \bar{a}(t), & t \in I \\ u(0) = 0, & u(1) = au(\eta) \\ u''(0) = 0, & u''(1) = bu''(\xi) \end{cases} \quad (4.6)$$

有且仅有一个解.

证明：令

$$v(t) = u''(t)$$

则

$$u(t) = -\int_0^1 G_{[a,\,\eta]}(t,\,s)v(s)\mathrm{d}s$$

边值问题 (4.6) 等价于

$$
\begin{cases}
v''(t) - \lambda_1 \displaystyle\int_0^1 G_{[a,\,\eta]}(t,\,s)v(s)\mathrm{d}s - \lambda_2 v(t) = \bar{a}(t), \quad t \in I \\[4mm]
v(0) = 0, \quad v(1) = bu(\xi)
\end{cases}
\tag{4.7}
$$

由引理 4.1.1 可知，边值问题 (4.7) 等价于积分方程

$$
v(t) = \int_0^1 G_{[b,\,\xi]}(t,\,s)\left[\bar{a}(s) - \lambda_1 \int_0^1 G_{[a,\,\eta]}(s,\,\tau)v(\tau)\mathrm{d}\tau - \lambda_2 v(s)\right]\mathrm{d}s
$$

定义线性算子 $L : E \to E$ 如下

$$
(Lv)(t) = \int_0^1 G_{[b,\,\xi]}(t,\,s)\left[\bar{a}(s) - \lambda_1 \int_0^1 G_{[a,\,\eta]}(s,\,\tau)v(\tau)\mathrm{d}\tau - \lambda_2 v(s)\right]\mathrm{d}s
$$

对 $\forall v_1$, $\forall v_2 \in E$, 有

$$
|(Lv_1)(t) - (Lv_2)(t)|
$$

$$
\leqslant \int_0^1 G_{[b,\,\xi]}(t,\,s)\left[\lambda_1 \int_0^1 G_{[a,\,\eta]}(s,\,\tau)|v_1(\tau) - v_2(\tau)|\mathrm{d}\tau + \lambda_2 |v_1(s) - v_2(s)|\right]\mathrm{d}s
$$

$$
\leqslant \left[\lambda_1 M_{[a,\,\eta]} + \lambda_2\right]\|v_1 - v_2\|\int_0^1 G_{[b,\,\xi]}(t,\,s)\mathrm{d}s
$$

$$
\leqslant M_{[b,\,\xi]}\left(\lambda_1 M_{[a,\,\eta]} + \lambda_2\right)\|v_1 - v_2\|
$$

因此

$$
\|(Lv_1) - (Lv_2)\|
$$

$$
\leqslant M_{[b,\,\xi]}\left(\lambda_1 M_{[a,\,\eta]} + \lambda_2\right)\|v_1 - v_2\|
$$

由

$$
0 \leqslant M_{[b,\,\xi]}\left(\lambda_1 M_{[a,\,\eta]} + \lambda_2\right) < 1
$$

可知 $L : E \to E$ 是一个压缩映射.

因此，存在唯一 $v^* \in E$，使得 $Lv^* = v*$，即，边值问题 (4.7) 有唯一解 $v^* \in E$，从而

$$
u(t) = -\int_0^1 G_{[a,\,\eta]}(t,\,s)v^*(s)\mathrm{d}s
$$

为边值问题 (4.6) 的解.

边值问题 (4.6) 解的唯一性由引理 4.1.3 易得.

4.1.2　主要结果

定理 4.1.1　假设 $0 \leqslant a\eta < 1$, $0 \leqslant b < 1$; $f \in C(I \times \mathbf{R}^2, \quad \mathbf{R})$. α 和 β 分别为边值问题 (4.1) 的下上解, 且满足

$$\beta \leqslant \alpha, \quad \beta'' \geqslant \alpha''$$

假设下列条件成立:

(C1): 存在常数 $\lambda_1 \geqslant 0$, 使得

$$f(t, u_2, v) - f(t, u_1, v) \geqslant -\lambda_1(u_2 - u_1)$$

其中

$$\beta(t) \leqslant u_1 \leqslant u_2 \leqslant \alpha(t), \quad \alpha''(t) \leqslant v \leqslant \beta''(t), \quad t \in I$$

(C2): 存在常数 $\lambda_2 \geqslant 0$, 使得

$$f(t, u, v_2) - f(t, u, v_1) \leqslant \lambda_2(v_2 - v_1)$$

其中

$$\alpha''(t) \leqslant v_1 \leqslant v_2 \leqslant \beta''(t), \quad \beta(t) \leqslant u \leqslant \alpha(t), \quad t \in I$$

(C3): $0 \leqslant M_{[a, \eta]}\lambda_1 + \lambda_2 \leqslant 2, \quad 0 \leqslant M_{[b, \xi]}\left(\lambda_1 M_{[a, \eta]} + \lambda_2\right) < 1$

其中, $M_{[b, \xi]}$ 和 $M_{[a, \eta]}$ 是引理 4.1.2 中定义的两个常数.

则存在单调下降序列 $\{\alpha_n\}$ 和单调上升序列 $\{\beta_n\}$ (其中 $\alpha_0 = \alpha$, $\beta_0 = \beta$) 一致收敛到边值问题 (4.1) 在

$$[\beta, \alpha] = \{h \in C^2[0, 1] \mid \beta \leqslant h \leqslant \alpha, \quad \beta'' \geqslant h'' \geqslant \alpha''\}$$

中的解.

证明： $\forall h \in [\beta, \alpha]$，考虑下列边值问题

$$\begin{cases} u^{(4)}(t) + \lambda_1 u - \lambda_2 u'' = f(t, h, h'') + \lambda_1 h - \lambda_2 h'', & t \in I \\ u(0) = 0, \quad u(1) = au(\eta) \\ u''(0) = 0, \quad u''(1) = bu''(\xi) \end{cases} \tag{4.8}$$

由引理 4.1.4 和条件 $(C3)$ 可知，边值问题 (4.8) 有唯一解 u.

定义算子 $A : [\beta, \alpha] \to E$ 为

$$Ah = u$$

其中，u 是边值问题 (4.8) 相应于 h 的唯一解.

第 1 步：证明

$$A[\beta, \alpha] \subset [\beta, \alpha]$$

事实上，对 $h \in [\beta, \alpha]$，记 $u = Ah$.

由 A 的定义可知，$u, u'' \in C^2[0, 1]$，并且

$$\begin{cases} u^{(4)}(t) + \lambda_1 u - \lambda_2 u'' = f(t, h, h'') + \lambda_1 h - \lambda_2 h'', & t \in I \\ u(0) = 0, \quad u(1) = au(\eta) \\ u''(0) = 0, \quad u''(1) = bu''(\xi) \end{cases} \tag{4.9}$$

由 α 的定义可知

$$\begin{cases} \alpha^{(4)} + \lambda_1 \alpha - \lambda_2 \alpha'' \geqslant f(t, \alpha, \alpha'') + \lambda_1 \alpha - \lambda_2 \alpha'', & t \in I \\ \alpha(0) = 0, \quad \alpha(1) = a\alpha(\eta) \\ \alpha''(0) \leqslant 0, \quad \alpha''(1) \leqslant b\alpha''(\xi) \end{cases} \tag{4.10}$$

结合边值问题 (4.9) 和 (4.10) 及条件 $(C1)$ 和 $(C2)$，有

$$\begin{cases} (u-\alpha)^{(4)} + \lambda_1(u-\alpha) - \lambda_2(u''-\alpha'') \leqslant 0, & t \in I \\ (u-\alpha)(0) = 0, \quad (u-\alpha)(1) = a(u-\alpha)(\eta) \\ (u-\alpha)''(0) \geqslant 0, \quad (u-\alpha)''(1) \geqslant b(u-\alpha)''(\xi) \end{cases} \tag{4.11}$$

由引理 4.1.3 得

$$u(t) \leqslant \alpha(t), \quad t \in I$$

$$u''(t) \geqslant \alpha''(t), \quad t \in I$$

同理可证

$$u(t) \geqslant \beta(t), \quad t \in I$$

$$u''(t) \leqslant \beta''(t), \quad t \in I$$

因此

$$A[\beta, \alpha] \subset [\beta, \alpha]$$

第 2 步: 令

$$u_1 = Ah_1, \quad u_2 = Ah_2$$

其中, h_1, $h_2 \in [\beta, \alpha]$ 满足

$$h_1 \leqslant h_2$$

和

$$h_1'' \geqslant h_2''$$

下面, 证明

$$u_1 \leqslant u_2, \quad u_1'' \geqslant u_2'' \tag{4.12}$$

事实上, 由 u_1 和 u_2 的定义可知

$$\begin{cases} u_1^{(4)} + \lambda_1 u_1 - \lambda_2 u_1'' = f(t, h_1, h_1'') + \lambda_1 h_1 - \lambda_2 h_1'', & t \in I \\ u_1(0) = 0, \quad u_1(1) = au_1(\eta) \\ u_1''(0) = 0, \quad u_1''(1) = bu_1''(\xi) \end{cases} \tag{4.13}$$

$$
\begin{cases}
u_2^{(4)} + \lambda_1 u_2 - \lambda_2 u_2'' = f(t,\, h_2,\, h_2'') + \lambda_1 h_2 - \lambda_2 h_2'', \quad t \in I \\[2mm]
u_2(0) = 0, \quad u(1) = a u_2(\eta) \\[2mm]
u_2''(0) = 0, \quad u_2''(1) = b u_2''(\xi)
\end{cases}
\tag{4.14}
$$

结合边值问题 (4.13) 和 (4.14)，根据条件 $(C1)$ 和 $(C2)$ 得

$$
\begin{cases}
(u_1 - u_2)^{(4)} + \lambda_1 (u_1 - u_2) - \lambda_2 (u_1'' - u_2'') \leqslant 0, \quad t \in I \\[2mm]
(u_1 - u_2)(0) = 0, \quad (u_1 - u_2)(1) = a(u_1 - u_2)(\eta) \\[2mm]
(u_1 - u_2)''(0) = 0, \quad (u_1 - u_2)''(1) = b(u_1 - u_2)''(\xi)
\end{cases}
\tag{4.15}
$$

由引理 4.1.3 得

$$
u_1(t) \leqslant u_2(t), \quad t \in I
$$

$$
u_1''(t) \geqslant u_2''(t), \quad t \in I
$$

因此，式 (4.12) 成立.

第 3 步：令

$$
\alpha_0 = \alpha
$$

$$
\alpha_n = A\alpha_{n-1} \ (n = 1,\, 2,\, \cdots)
$$

$$
\beta_0 = \beta
$$

$$
\beta_n = A\beta_{n-1} \ (n = 1,\, 2,\, \cdots)
$$

由第 1 步和第 2 步可知

$$
\alpha = \alpha_0 \geqslant \alpha_1 \geqslant \alpha_2 \geqslant \cdots \geqslant \alpha_n \geqslant \cdots \geqslant \beta_n \geqslant \cdots \geqslant \beta_2 \geqslant \beta_1 \geqslant \beta_0 = \beta
\tag{4.16}
$$

$$
\alpha'' = \alpha_0'' \leqslant \alpha_1'' \leqslant \alpha_2'' \leqslant \cdots \leqslant \alpha_n'' \leqslant \cdots \leqslant \beta_n'' \leqslant \cdots \leqslant \beta_2'' \leqslant \beta_1'' \leqslant \beta_0'' = \beta''
\tag{4.17}
$$

进一步, 由 α_n 的定义可知

$$
\begin{cases}
\alpha_n^{(4)} + \lambda_1\alpha_n - \lambda_2\alpha_n'' = f(t,\ \alpha_{n-1},\ \alpha_{n-1}'') + \lambda_1\alpha_{n-1} - \lambda_2\alpha_{n-1}'', & t \in I \\
\alpha_n(0) = 0, \quad \alpha_n(1) = a\alpha_n(\eta) \\
\alpha_n''(0) = 0, \quad \alpha_n''(1) = b\alpha_n''(\xi)
\end{cases}
\tag{4.18}
$$

下面, 证明 $\{\alpha_n\}_{n=0}^\infty$ 和 $\{\alpha_n''\}_{n=0}^\infty$ 都是一致收敛的.

由边值问题 (4.16) 和 (4.17) 可知, $\{\alpha_n\}_{n=0}^\infty$ 和 $\{\alpha_n''\}_{n=0}^\infty$ 是一致有界的.

由 f 的连续性及边值问题 (4.18) 可知, $\alpha_n^{(4)}(t)$ 是一致有界的, 即存在仅依赖于 α 和 β 而与 n 和 t 无关的常数 $M_\beta^\alpha > 0$, 使得

$$
|\alpha_n^{(4)}(t)| \leqslant M_\beta^\alpha
\tag{4.19}
$$

从而

$$
\begin{aligned}
|\alpha_n''(t)| &= \left| \int_0^1 G_{[b,\ \xi]}(t,\ s)\alpha_n^{(4)}(s)\mathrm{d}s \right| \\
&\leqslant \int_0^1 G_{[b,\ \xi]}(t,\ s)|\alpha_n^{(4)}(s)|\mathrm{d}s \\
&\leqslant M_{[b,\ \xi]}M_\beta^\alpha
\end{aligned}
\tag{4.20}
$$

$$
|\alpha_n(t)| = \left| \int_0^1 G_{[a,\ \eta]}(t,\ s)\alpha_n''(s)\mathrm{d}s \right| \leqslant M_{[a,\ \eta]}M_{[b,\ \xi]}M_\beta^\alpha
\tag{4.21}
$$

$$
\begin{aligned}
|\alpha_n'''(t)| &= \left| \frac{\mathrm{d}}{\mathrm{d}t}\alpha_n''(t) \right| \\
&= \left| \int_0^1 \frac{\partial}{\partial t}G_{[b,\ \xi]}(t,\ s)\alpha_n^{(4)}(s)\mathrm{d}s \right| \\
&\leqslant \int_0^1 \left| \frac{\partial}{\partial t}G_{[b,\ \xi]}(t,\ s) \right| \left| \alpha_n^{(4)}(s) \right| \mathrm{d}s \\
&\leqslant \hat{M}_{[b,\ \xi]}M_\beta^\alpha
\end{aligned}
\tag{4.22}
$$

$$
\begin{aligned}
|\alpha_n'(t)| &= \left| \frac{\mathrm{d}}{\mathrm{d}t} \alpha_n(t) \right| \\
&= \left| \int_0^1 \frac{\partial}{\partial t} G_{[a,\,\eta]}(t,\,s) \alpha_n''(s) \mathrm{d}s \right| \\
&\leqslant \int_0^1 \left| \frac{\partial}{\partial t} G_{[a,\,\eta]}(t,\,s) \right| |\alpha_n''(s)|\, \mathrm{d}s \\
&\leqslant \hat{M}_{[a,\,\eta]} M_{[b,\,\xi]} M_\beta^\alpha
\end{aligned}
\tag{4.23}
$$

其中, $M_{[a,\,\eta]}$, $M_{[b,\,\xi]}$, $\hat{M}_{[a,\,\eta]}$ 和 $\hat{M}_{[b,\,\xi]}$ 是四个在引理 4.1.2 和注 4.1.3 中定义的常数.

边值问题 (4.20) 和 (4.23) 表明, $\{\alpha_n\}$ 和 $\{\alpha_n''\}$ 是 $C[0,\,1]$ 中的一致有界等度连续集. 由 Arzela-Ascoli 定理结合单调性断定, 存在 $\alpha_* \in C^2[0,\,1]$, 使得

$$
\alpha_n \to \alpha_*, \qquad \alpha_n'' \to \alpha_*''
$$

边值问题 (4.19) 和 (4.22) 表明, $\{\alpha_n'''\}$ 是 $C[0,\,1]$ 中的一致有界等度连续集. 由 Arzela-Ascoli 定理可知 $\{\alpha_n'''\}$ 是相对紧的, 从而, 存在 $\mathbf{N}$ 的子列 $\mathbf{N}^* = \{n_k\}$, 使得

$$
\text{当 } n_k \in \mathbf{N}^* \text{ 且 } n_k \to +\infty \text{ 时}, \alpha_{n_k}''' \to \alpha_*'''
$$

由边值问题 (4.18) 中的第一式得

$$
\alpha_{n_k}^{(4)} = -\lambda_1 \alpha_{n_k} + \lambda_2 \alpha_{n_k}'' + f(t,\,\alpha_{n_k-1},\,\alpha_{n_k-1}'') + \lambda_1 \alpha_{n_k-1} - \lambda_2 \alpha_{n_k-1}''
\tag{4.24}
$$

由式 (4.24) 的右侧易知, $\alpha_{n_k}^{(4)}$ 在 $C[0,\,1]$ 中收敛, 并且 $\alpha_{n_k}^{(4)} \to \alpha_*^{(4)}$.

在式 (4.24) 两侧令 $n_k \to \infty$ 得

$$
\alpha_*^{(4)} = -\lambda_1 \alpha_* + \lambda_2 \alpha_*'' + f(t,\,\alpha_*,\,\alpha_*'') + \lambda_1 \alpha_* - \lambda_2 \alpha_*'' = f(t,\,\alpha_*,\,\alpha_*'')
$$

综上

$$
\begin{cases}
\alpha_*^{(4)} = f(t,\,\alpha_*,\,\alpha_*''), & t \in I \\
\alpha_*(0) = 0, & \alpha_*(1) = a\alpha_*(\eta) \\
\alpha_*''(0) = 0, & \alpha_*''(1) = b\alpha_*''(\xi)
\end{cases}
$$

与 $\{\alpha_n\}$ 类似, 容易证明, 存在 $\beta_* \in C^2[0, 1]$ 使得

$$\beta_n \to \beta_* \quad \text{且} \quad \beta_n'' \to \beta_*''$$

而 β_* 是边值问题 (4.1) 的解.

注 4.1.4 在定理 4.1.1 的证明过程中,

$$\alpha_n \to \alpha_*, \quad \alpha_n'' \to \alpha_*'' \quad \text{且} \quad \alpha_n^{(4)} \to \alpha_*^{(4)}$$

对于 α_n''', 仅仅得到其存在收敛子列 $\alpha_{n_k}''' \to \alpha_*'''$.

注 4.1.5 由注 4.1.2 可知, 当 $0 \leqslant a$, $b < 1$ 时, 定理 4.1.1 中的条件 $(C3)$ 变成 $0 \leqslant \dfrac{\lambda_1}{2} + \lambda_2 < 2$, 事实上, 给出了 $f(t, u, v)$ 关于 u 和 v 弱增和弱减的范围.

例 4.1.1 考虑下列边值问题的迭代解

$$\begin{cases} u^{(4)}(t) = \dfrac{1}{4} \sin(u + u''), & t \in I \\[2mm] u(0) = 0, \quad u(1) = au(\eta) \\[2mm] u''(0) = 0, \quad u''(1) = bu''(\xi) \end{cases} \tag{4.25}$$

其中, η, $\xi \in [0, 1)$ 且 $0 \leqslant a\eta < 1, 0 \leqslant b < 1$.

解 显然, $\beta(t) \equiv 0, t \in I$ 是边值问题 (4.25) 的一个下解.
记

$$\alpha(t) = \int_0^1 G_{[a, \eta]}(t, s) \ln(1 + s) \mathrm{d}s, \quad t \in I$$

则

$$\alpha \geqslant 0 = \beta$$

$$\alpha''(t) = -\ln(1 + t) \leqslant 0 = \beta''(t)$$

另外, 由 $\alpha(t)$ 的定义可知

$$\alpha(0) = 0, \quad \alpha(1) = a\alpha(\eta) \tag{4.26}$$

和

$$\alpha^{(4)}(t) = \frac{1}{(1 + t)^2} \geqslant \frac{1}{4} \geqslant \frac{1}{4} \sin(\alpha + \alpha'') \tag{4.27}$$

$$\alpha''(0) = 0, \quad \alpha''(1) = -\ln 2 \leqslant -b\ln(1+\xi) \tag{4.28}$$

边值问题 (4.26)、(4.27) 和 (4.28) 表明，$\alpha(t)$ 是边值问题 (4.25) 的一个上解.

又

$$f(t,\, u,\, v) = \frac{1}{4}\sin(u+v)$$

因此，$f(t,\, u,\, v) + \frac{1}{4}u$ 关于 u 单调上升，而 $f(t,\, u,\, v) - \frac{1}{4}v$ 关于 v 单调下降.

因此，由定理 4.1.1 可知，对满足

$$0 \leqslant M_{[a,\, \eta]} \leqslant 7$$

和

$$0 \leqslant M_{[b,\, \xi]}\left(M_{[a,\, \eta]} + 1\right) < 4$$

的任意 $\eta,\, \xi,\, a,\, b$，边值问题 (4.25) 在 $[\beta,\, \alpha]$ 中存在两个解.

4.2　具 p-Laplace 算子和 Stieltjes 积分边界的四阶边值问题的迭代正解

本节讨论如下具 p-Laplace 算子和 Stieltjes 积分边界的四阶微分方程边值问题

$$(\phi_p(u''(t)))''(t) = \lambda q(t)f(t,\, u(t),\, u'(t),\, u''(t),\, u'''(t)), \quad 0 < t < 1 \tag{4.29}$$

$$u(0) = u(1) = \int_0^1 u(s)\, \mathrm{d}g(s) \tag{4.30}$$

$$\phi_p(u''(0)) = \phi_p(u''(1)) = \int_0^1 \phi_p(u''(s))\, \mathrm{d}h(s) \tag{4.31}$$

其中，$\lambda > 0$，$\phi_p(s) = |s|^{p-2}s$，$p > 1$ 是 p-Laplace 算子，且 $\phi_p^{-1} = \phi_q$，$\frac{1}{p} + \frac{1}{q} = 1$.

这里，函数 u^* 称为边值问题 (4.29) 和 (4.31) 的正解，如果 u^* 满足边值问题且 $u^*(t) > 0$，$0 < t < 1$.

4.2.1 准备工作

定义 4.2.1 对于 $t \in [0, 1]$，称函数 u 在 $[0, 1]$ 上是**对称的**，如果满足 $u(t) = u(1-t)$．

接下来的讨论中，假设以下条件总成立．

(H_1)：$f(t, x, y, z, \delta) \in C([0, 1] \times [0, +\infty) \times R^3, [0, +\infty))$，$f(t, x, y, z, \delta)$ 关于 t 在 $[0, 1]$ 上对称，且 $f(t, x, y, z, \delta) = f(t, x, -y, z, -\delta)$．

(H_2)：$q(t) \in C((0, 1), [0, +\infty))$ 关于 t 在 $[0, 1]$ 上对称，且在 $[0, 1]$ 上的任意子区间上满足 $q(t) \not\equiv 0$，而 $\int_0^1 q(t)\mathrm{d}t < +\infty$．

(H_3)：$g(t), h(t) \in C([0, 1], [0, +\infty))$ 是有界变差函数且关于 t 在 $[0, 1]$ 上对称．

考虑 Banach 空间 $E = C^3[0, 1]$，定义其范数为

$$\|u\| := \max \left\{ \max_{0 \leqslant t \leqslant 1} |u(t)|, \ \max_{0 \leqslant t \leqslant 1} |u'(t)|, \ \max_{0 \leqslant t \leqslant 1} |u''(t)|, \ \max_{0 \leqslant t \leqslant 1} |u'''(t)| \right\}$$

定义锥 $P \subset E$ 为

$$P = \{u \in E \mid u(t) \geqslant 0, \ u \text{ 是}[0,1]\text{上的凹泛函，且关于 } t \text{ 在 } [0,1]\text{上对称}\}$$

引理 4.2.1 令 $y \in L^1[0, 1]$，则如下边值问题

$$\begin{cases} \phi_p(u''(t)) = y(t) & 0 < t < 1 \\ u(0) = u(1) = \displaystyle\int_0^1 u(s)\mathrm{d}g(s) \end{cases}$$

有唯一解

$$u(t) = -\int_0^1 \int_0^1 G(t, s)\phi_q(y(s)) \,\mathrm{d}s\mathrm{d}g(t) - \int_0^1 G(t, s)\phi_q(y(s)) \,\mathrm{d}s \tag{4.32}$$

其中

$$G(t, s) = \begin{cases} t(1-s), & 0 \leqslant t \leqslant s \leqslant 1 \\ s(1-t), & 0 \leqslant s \leqslant t \leqslant 1 \end{cases} \tag{4.33}$$

证明：经过常规计算易得结论，这里不再详细证明.

引理 4.2.2　对于 $u \in C^3[0, 1]$，则如下边值问题

$$
\begin{cases}
y''(t) = \lambda q(t) f(t, u(t), u'(t), u''(t), u'''(t)), & 0 < t < 1 \\
y(0) = y(1) = \displaystyle\int_0^1 y(s) \, \mathrm{d}h(s)
\end{cases}
\tag{4.34}
$$

有唯一解

$$
\begin{aligned}
y(t) = & -\int_0^1 \int_0^1 G(s, \tau)\lambda q(\tau) f(\tau, u(\tau), u'(\tau), u''(\tau), u'''(\tau)) \, \mathrm{d}\tau \mathrm{d}h(s) \\
& -\int_0^1 G(t, s)\lambda q(s) f(s, u(s), u'(s), u''(s), u'''(s)) \, \mathrm{d}s
\end{aligned}
\tag{4.35}
$$

其中

$$
G(t, s) = \begin{cases}
t(1-s), & 0 \leqslant t \leqslant s \leqslant 1 \\
s(1-t), & 0 \leqslant s \leqslant t \leqslant 1
\end{cases}
$$

证明：经过常规计算易得结论，这里不再详细证明.

定义算子 $T\colon P \to E$ 为

$$
\begin{aligned}
(Tu)(t) = & \, u(t) \\
= & \int_0^1 \int_0^1 G(s, \tau)\phi_q\Bigg[\int_0^1 \int_0^1 G(\tau, \zeta)\lambda q(\zeta) f(\zeta, u(\zeta), u'(\zeta), u''(\zeta), \\
& u'''(\zeta)) \, \mathrm{d}\zeta \mathrm{d}h(\tau) \\
& + \int_0^1 G(\tau, \zeta)\lambda q(\zeta) f(s, u(\zeta), u'(\zeta), u''(\zeta), u'''(\zeta)) \, \mathrm{d}\zeta\Bigg] \, \mathrm{d}\tau \mathrm{d}g(s) \\
& + \int_0^1 G(t, s)\phi_q\Bigg[\int_0^1 \int_0^1 G(s, \tau)\lambda q(\tau) f(\tau, u(\tau), u'(\tau), u''(\tau), \\
& u'''(\tau)) \, \mathrm{d}\tau \mathrm{d}h(s) \\
& + \int_0^1 G(s, \tau)\lambda q(\tau) f(\tau, u(\tau), u'(\tau), u''(\tau), u'''(\tau)) \, \mathrm{d}\tau\Bigg] \, \mathrm{d}s
\end{aligned}
\tag{4.36}
$$

则由引理 4.2.1 和引理 4.2.2 可知，边值问题 (4.29) 和 (4.31) 有解 $u = u(t)$ 当且仅当 u 是 T 的不动点.

引理4.2.3 假设条件 (H_1)—(H_3) 成立,对于式 (4.36) 中定义的算子 $T:\ P \to P$ 是全连续算子.

证明: 由 T 的定义易知，对于 $\forall u \in P$, 有 $Tu \in C^3[0,\ 1]$, 并且满足边值问题 (4.29) 和 (4.31).

由于

$$
\begin{aligned}
(Tu)'(t) = & \int_t^1 (1-s)\phi_q\bigg[\int_0^1\int_0^1 G(s,\ \tau)\lambda q(\tau)f(\tau,\ u(\tau),\ u'(\tau),\ u''(\tau),\\
& u'''(\tau))\ \mathrm{d}\tau\mathrm{d}h(s)\\
& + \int_0^1 G(s,\ \tau)\lambda q(\tau)f(s,\ u(\tau),\ u'(\tau),\ u''(\tau),\ u'''(\tau))\ \mathrm{d}\tau\bigg]\ \mathrm{d}s\\
& - \int_0^t s\phi_q\bigg[\int_0^1\int_0^1 G(s,\ \tau)\lambda q(\tau)f(\tau,\ u(\tau),\ u'(\tau),\ u''(\tau),\\
& u'''(\tau))\ \mathrm{d}\tau\mathrm{d}h(s)\\
& + \int_0^1 G(s,\ \tau)\lambda q(\tau)f(\tau,\ u(\tau),\ u'(\tau),\ u''(\tau),\ u'''(\tau))\ \mathrm{d}\tau\bigg]\ \mathrm{d}s
\end{aligned}
$$

且

$$
\begin{aligned}
(Tu)''(t) = & -\phi_q\bigg[\int_0^1\int_0^1 G(t,\ \tau)\lambda q(\tau)f(\tau,\ u(\tau),\ u'(\tau),\ u''(\tau),\ u'''(\tau))\ \mathrm{d}\tau\mathrm{d}h(t)\\
& + \int_0^1 G(t,\ \tau)\lambda q(\tau)f(s,\ u(\tau),\ u'(\tau),\ u''(\tau),\ u'''(\tau))\ \mathrm{d}\tau\bigg]
\end{aligned}
$$

则 $(Tu)''(t) \leqslant 0,\ 0 \leqslant t \leqslant 1$.

另外，由式 (4.36) 可得

$$
\begin{aligned}
(Tu)(0) = & (Tu)(1)\\
= & \int_0^1\int_0^1 G(s,\ \tau)\phi_q\bigg[\int_0^1\int_0^1 G(\tau,\ \zeta)\lambda q(\zeta)f(\zeta,\ u(\zeta),\ u'(\zeta),\ u''(\zeta),
\end{aligned}
$$

$$u'''(\zeta)) \, \mathrm{d}\zeta \mathrm{d}h(\tau)$$

$$+ \int_0^1 G(\tau, \zeta)\lambda q(\zeta)f(s, u(\zeta), u'(\zeta), u''(\zeta), u'''(\zeta)) \, \mathrm{d}\zeta \Big] \, \mathrm{d}\tau \mathrm{d}g(s)$$

$$+ \int_0^1 G(0, s)\phi_q\Big[\int_0^1\int_0^1 G(s, \tau)\lambda q(\tau)f(\tau, u(\tau), u'(\tau), u''(\tau),$$

$$u'''(\tau)) \, \mathrm{d}\tau \mathrm{d}h(s)$$

$$+ \int_0^1 G(s, \tau)\lambda q(\tau)f(\tau, u(\tau), u'(\tau), u''(\tau), u'''(\tau)) \, \mathrm{d}\tau \Big] \, \mathrm{d}s$$

$$\geqslant 0$$

由此, 结合 Tu 的凹性可知, Tu 在 $[0, 1]$ 上非负.

接下来, 讨论 Tu 关于 t 在 $[0, 1]$ 上的对称性.

事实上, 根据条件 (H_1)—(H_3) 可知

$$(Tu)(1-t)$$

$$= \int_0^1\int_0^1 G(s, \tau)\phi_q\Big[\int_0^1\int_0^1 G(\tau, \zeta)\lambda q(\zeta)f(\zeta, u(\zeta), u'(\zeta), u''(\zeta),$$

$$u'''(\zeta))\mathrm{d}\zeta \mathrm{d}h(\tau)$$

$$+ \int_0^1 G(\tau, \zeta)\lambda q(\zeta)f(s, u(\zeta), u'(\zeta), u''(\zeta), u'''(\zeta)) \, \mathrm{d}\zeta \Big] \, \mathrm{d}\tau \mathrm{d}g(s)$$

$$+ \int_0^1 G(1-t, s)\phi_q\Big[\int_0^1\int_0^1 G(s, \tau)\lambda q(\tau)f(\tau, u(\tau), u'(\tau), u''(\tau),$$

$$u'''(\tau))\mathrm{d}\tau \mathrm{d}h(s)$$

$$+ \int_0^1 G(s, \tau)\lambda q(\tau)f(\tau, u(\tau), u'(\tau), u''(\tau), u'''(\tau)) \, \mathrm{d}\tau \Big] \, \mathrm{d}s$$

$$= -\int_0^1\int_0^1 G(1-s, 1-\tau)$$

$$\times \phi_q\Big[\int_0^1\int_0^1 G(1-\tau, \zeta)\lambda q(\zeta)f(\zeta, u(\zeta), u'(\zeta), u''(\zeta), u'''(\zeta)) \, \mathrm{d}\zeta \mathrm{d}h(1-\tau)$$

$$+ \int_0^1 G(1-\tau,\ \zeta)\lambda q(\zeta)f(s,\ u(\zeta),\ u'(\zeta),\ u''(\zeta),\ u'''(\zeta))\ \mathrm{d}\zeta \bigg]\ \mathrm{d}\tau \mathrm{d}g(1-s)$$

$$+ \int_0^1 G(1-t,\ 1-s)\phi_q \bigg[\int_0^1 \int_0^1 G(1-s,\ 1-\tau)\lambda q(1-\tau)$$

$$\times f(1-\tau,\ u(1-\tau),\ u'(1-\tau),\ u''(1-\tau),\ u'''(1-\tau))\ \mathrm{d}\tau \mathrm{d}h(1-s)$$

$$+ \int_0^1 G(1-s,\ 1-\tau)\lambda q(1-\tau)$$

$$\times f(1-\tau,\ u(1-\tau),\ u'(1-\tau),\ u''(1-\tau),\ u'''(1-\tau))\ \mathrm{d}\tau \bigg]\ \mathrm{d}s$$

$$= \int_0^1 \int_0^1 G(s,\ \tau)\phi_q \bigg[\int_0^1 \int_0^1 G(\tau,\ \zeta)\lambda q(\zeta)f(\zeta,\ u(\zeta),\ u'(\zeta),\ u''(\zeta),$$

$$u'''(\zeta))\ \mathrm{d}\zeta \mathrm{d}h(\tau)$$

$$+ \int_0^1 G(\tau,\ \zeta)\lambda q(\zeta)f(s,\ u(\zeta),\ u'(\zeta),\ u''(\zeta),\ u'''(\zeta))\ \mathrm{d}\zeta \bigg]\ \mathrm{d}\tau \mathrm{d}g(s)$$

$$+ \int_0^1 G(t,\ s)\phi_q \bigg[\int_0^1 \int_0^1 G(s,\ \tau)\lambda q(\tau)f(\tau,\ u(\tau),\ u'(\tau),\ u''(\tau),$$

$$u'''(\tau))\ \mathrm{d}\tau \mathrm{d}h(s)$$

$$+ \int_0^1 G(s,\ \tau)\lambda q(\tau)f(\tau,\ u(\tau),\ u'(\tau),\ u''(\tau),\ u'''(\tau))\ \mathrm{d}\tau \bigg]\ \mathrm{d}s$$

$$= (Tu)(t)$$

因此, Tu 关于 t 在 $[0,\ 1]$ 上是对称的.

则

$$T:\ P \to P$$

接着讨论 T 的全连续性.

T 的连续性易得, 来看 T 的紧性. 令 $\Omega \subset P$ 是有界集, 易证 $T\Omega$ 是有界的并且是一致连续的, 因此, 由 Arzela-Ascoli 定理可知, $T\Omega$ 是相对紧集, 也即 T 是紧算子.

从而得到, $T:\ P \to P$ 是全连续算子.

4.2.2 边值问题 (4.29) 和 (4.31) 的迭代正解

方便起见, 记

$$Q = \int_0^1 q(s)\mathrm{d}s, \quad A = \max\{1, \ 4(q-1)\}\left(\frac{1}{4}\lambda Q\right)^{q-1}$$

定理 4.2.1 假设条件 (H$_1$)—(H$_3$) 成立, 而且存在常数 $a > 0$, 使得

(H$_4$): $f(t, \ x_1, \ y_1, \ z_1, \ \delta_1) \leqslant f(t, \ x_2, \ y_2, \ z_2, \ \delta_2)$ 对任意的 $0 \leqslant t \leqslant 1$, $0 \leqslant x_1 \leqslant x_2 \leqslant a$, $0 \leqslant |y_1| \leqslant |y_2| \leqslant a$, $-a \leqslant z_2 \leqslant z_1 \leqslant 0$, $0 \leqslant |\delta_1| \leqslant |\delta_2| \leqslant a$;

(H$_5$): $\displaystyle\max_{0 \leqslant t \leqslant 1} f(t, \ a, \ a, \ -a, \ a) \leqslant \left(\frac{a}{A}\right)^{p-1}$;

(H$_6$): $f(t, \ 0, \ 0, \ 0, \ 0) \not\equiv 0 \text{ for } 0 \leqslant t \leqslant 1.$

则边值问题 (4.29) 和 (4.31) 存在凹的对称正解 w^* 和 v^*, 满足

$$0 \leqslant w^* \leqslant a, \quad 0 \leqslant |(w^*)'| \leqslant a, \quad -a \leqslant (w^*)'' \leqslant 0, \quad 0 \leqslant |(w^*)'''| \leqslant a$$

$$w^* = \lim_{n \to \infty} w_n = \lim_{n \to \infty} T^n w_0, \quad (w^*)' = \lim_{n \to \infty} (w_n)' = \lim_{n \to \infty} (T^n w_0)'$$

$$(w^*)'' = \lim_{n \to \infty} (w_n)'' = \lim_{n \to \infty} (T^n w_0)'', \quad (w^*)''' = \lim_{n \to \infty} (w_n)''' = \lim_{n \to \infty} (T^n w_0)'''$$

其中, $\quad w_0(t) = a\left(\frac{4}{3}t^4 - \frac{8}{3}t^3 + \frac{4}{3}t + \frac{3}{8}\right), \qquad 0 \leqslant t \leqslant 1$

和

$$0 \leqslant v^* \leqslant a, \quad 0 \leqslant |(v^*)'| \leqslant a, \quad -a \leqslant (v^*)'' \leqslant 0, \quad 0 \leqslant |(v^*)'''| \leqslant a$$

$$v^* = \lim_{n \to \infty} v_n = \lim_{n \to \infty} T^n v_0, \quad (v^*)' = \lim_{n \to \infty} (v_n)' = \lim_{n \to \infty} (T^n v_0)'$$

$$(v^*)'' = \lim_{n \to \infty} (v_n)'' = \lim_{n \to \infty} (T^n v_0)'', \quad (v^*)''' = \lim_{n \to \infty} (v_n)''' = \lim_{n \to \infty} (T^n v_0)'''$$

其中, $v_0(t) = 0, \qquad 0 \leqslant t \leqslant 1$

其中, $(Tu)(t)$ 如式 (4.36) 所定义.

此定理中的迭代序列为 $w_0(t) = a\left(\dfrac{4}{3}t^4 - \dfrac{8}{3}t^3 + \dfrac{4}{3}t + \dfrac{3}{8}\right)$，$w_{n+1} = Tw_n = T^n w_0$，$n = 0, 1, 2, \cdots$ 和 $v_0(t) = 0$，$v_{n+1} = Tv_n = T^n v_0$，$n = 0, 1, 2, \cdots$，它们分别是从一个简单的四次函数和零函数开始迭代的.

证明：记 $\overline{P_a} = \{u \in P \mid \|u\| \leqslant a\}$. 首先，来证明 $T: \overline{P_a} \to \overline{P_a}$.

如果 $u \in \overline{P_a}$，由 (H$_4$) 和 (H$_5$) 可知

$$0 \leqslant f(t, u(t), u'(t), u''(t), u'''(t))$$

$$\leqslant f(t, a, a, -a, a)$$

$$\leqslant \max_{0 \leqslant t \leqslant 1} f(t, a, a, -a, a)$$

$$\leqslant \frac{a}{A}, \qquad 0 \leqslant t \leqslant 1$$

由于

$$\max_{0 \leqslant t \leqslant 1} |(Tu)(t)|$$

$$\leqslant \int_0^1 \int_0^1 \frac{1}{4}\phi_q\left[\int_0^1 \int_0^1 \frac{1}{4}\lambda q(\zeta)f(\zeta, u(\zeta), u'(\zeta), u''(\zeta), u'''(\zeta))\,\mathrm{d}\zeta\mathrm{d}h(\tau)\right.$$

$$\left. + \int_0^1 \frac{1}{4}\lambda q(\zeta)f(\zeta, u(\zeta), u'(\zeta), u''(\zeta), u'''(\zeta))\,\mathrm{d}\zeta\right]\mathrm{d}\tau\mathrm{d}g(s)$$

$$+ \int_0^1 \frac{1}{4}\phi_q\left[\int_0^1 \int_0^1 \frac{1}{4}\lambda q(\tau)f(\tau, u(\tau), u'(\tau), u''(\tau), u'''(\tau))\,\mathrm{d}\tau\mathrm{d}h(s)\right.$$

$$\left. + \int_0^1 \frac{1}{4}\lambda q(\tau)f(\tau, u(\tau), u'(\tau), u''(\tau), u'''(\tau))\,\mathrm{d}\tau\right]\mathrm{d}s$$

$$= \frac{1}{4}\phi_q\left[\int_0^1 \frac{1}{4}\lambda q(\tau)f(\tau, u(\tau), u'(\tau), u''(\tau), u'''(\tau))\,\mathrm{d}\tau\right]$$

$$\leqslant \frac{a}{A}\frac{1}{4}\left(\frac{1}{4}\lambda Q\right)^{q-1} < a$$

$$\max_{0 \leqslant t \leqslant 1} |(Tu)'(t)|$$

$$\leqslant \int_t^1 (1-s)\phi_q\left[\int_0^1 \int_0^1 G(s, \tau)\lambda q(\tau)f(\tau, u(\tau), u'(\tau), u''(\tau), u'''(\tau))\,\mathrm{d}\tau\mathrm{d}h(s)\right.$$

$$+ \int_0^1 G(s, \ \tau) \lambda q(\tau) f(\tau, \ u(\tau), \ u'(\tau), \ u''(\tau), \ u'''(\tau)) \ \mathrm{d}\tau \Bigg] \mathrm{d}s$$

$$\leqslant \int_t^1 (1-s) \phi_q \Bigg[\int_0^1 \int_0^1 \frac{1}{4} \lambda q(\tau) f(\tau, \ u(\tau), \ u'(\tau), \ u''(\tau), \ u'''(\tau)) \ \mathrm{d}\tau \mathrm{d}h(s)$$

$$+ \int_0^1 \frac{1}{4} \lambda q(\tau) f(\tau, \ u(\tau), \ u'(\tau), \ u''(\tau), \ u'''(\tau)) \ \mathrm{d}\tau \Bigg] \mathrm{d}s$$

$$\leqslant \int_t^1 (1-s) \phi_q \Bigg[\int_0^1 \frac{1}{4} \lambda q(\tau) f(\tau, \ u(\tau), \ u'(\tau), \ u''(\tau), \ u'''(\tau)) \ \mathrm{d}\tau \Bigg] \mathrm{d}s$$

$$\leqslant \frac{a}{A} \frac{1}{2} \left(\frac{1}{4} \lambda Q \right)^{q-1} < a$$

$$\max_{0 \leqslant t \leqslant 1} |(Tu)''(t)| \leqslant \phi_q \Bigg[\int_0^1 \int_0^1 \frac{1}{4} \lambda q(\tau) f(\tau, \ u(\tau), \ u'(\tau), \ u''(\tau), \ u'''(\tau)) \ \mathrm{d}\tau \mathrm{d}h(t)$$

$$+ \int_0^1 \frac{1}{4} \lambda q(\tau) f(\tau, \ u(\tau), \ u'(\tau), \ u''(\tau), \ u'''(\tau)) \ \mathrm{d}\tau \Bigg]$$

$$\leqslant \phi_q \Bigg[\int_0^1 \frac{1}{4} \lambda q(\tau) f(\tau, \ u(\tau), \ u'(\tau), \ u''(\tau), \ u'''(\tau)) \ \mathrm{d}\tau \Bigg]$$

$$\leqslant \frac{a}{A} \left(\frac{1}{4} \lambda Q \right)^{q-1} \leqslant a$$

以及

$$\max_{0 \leqslant t \leqslant 1} |(Tu)'''(t)|$$

$$\leqslant (q-1) \Bigg[\int_0^1 \int_0^1 \frac{1}{4} \lambda q(\tau) f(\tau, \ u(\tau), \ u'(\tau), \ u''(\tau), \ u'''(\tau)) \ \mathrm{d}\tau \mathrm{d}h(t)$$

$$+ \int_0^1 \frac{1}{4} \lambda q(\tau) f(\tau, \ u(\tau), \ u'(\tau), \ u''(\tau), \ u'''(\tau)) \ \mathrm{d}\tau \Bigg]^{q-2}$$

$$\cdot \int_t^1 (1-\tau) \lambda q(\tau) f(\tau, \ u(\tau), \ u'(\tau), \ u''(\tau), \ u'''(\tau)) \ \mathrm{d}\tau$$

$$\leqslant (q-1) \Bigg[\int_0^1 \frac{1}{4} \lambda q(\tau) f(\tau, \ u(\tau), \ u'(\tau), \ u''(\tau), \ u'''(\tau)) \ \mathrm{d}\tau \Bigg]^{q-2}$$

$$\cdot \int_0^1 \lambda q(\tau) f(\tau, \ u(\tau), \ u'(\tau), \ u''(\tau), \ u'''(\tau)) \ \mathrm{d}\tau$$

$$\leqslant \frac{a}{A} \, 4(q-1) \left(\frac{1}{4}\lambda Q\right)^{q-1} \leqslant a$$

由此可得：$T: \overline{P_a} \to \overline{P_a}$.

取 $w_0(t) = a\left(\frac{4}{3}t^4 - \frac{8}{3}t^3 + \frac{4}{3}t + \frac{3}{8}\right)$，$0 \leqslant t \leqslant 1$，则 $w_0(t) \in \overline{P_a}$.

令 $w_1 = Tw_0$，则 $w_1 \in \overline{P_a}$.

记 $w_{n+1} = Tw_n$，$n = 0, 1, 2, \cdots$，则 $w_n \subseteq \overline{P_a}$，$n = 1, 2, \cdots$

由于 T 是全连续的，于是我们断言 $\{w_n\}_{n=1}^{\infty}$ 有一个收敛子列 $\{w_{n_k}\}_{k=1}^{\infty}$ 和 $w^* \in \overline{P_a}$，使得 $w_{n_k} \to w^*$.

由于

$$w_1(t) = Tw_0(t)$$

$$= \int_0^1 \int_0^1 G(s,\tau)\phi_q\bigg[\int_0^1 \int_0^1 G(\tau,\zeta)\lambda q(\zeta)f(\zeta, w_0(\zeta), w_0'(\zeta)$$

$$w_0''(\zeta), w_0'''(\zeta))\,\mathrm{d}\zeta \mathrm{d}h(\tau)$$

$$+ \int_0^1 G(\tau,\zeta)\lambda q(\zeta)f(s, w_0(\zeta), w_0'(\zeta), w_0''(\zeta), w_0'''(\zeta))\,\mathrm{d}\zeta\bigg]\,\mathrm{d}\tau \mathrm{d}g(s)$$

$$+ \int_0^1 G(t,s)\phi_q\bigg[\int_0^1 \int_0^1 G(s,\tau)\lambda q(\tau)f(\tau, w_0(\tau), w_0'(\tau),$$

$$w_0''(\tau), w_0'''(\tau))\,\mathrm{d}\tau \mathrm{d}h(s)$$

$$+ \int_0^1 G(s,\tau)\lambda q(\tau)f(\tau, w_0(\tau), w_0'(\tau), w_0''(\tau), w_0'''(\tau))\,\mathrm{d}\tau\bigg]\,\mathrm{d}s$$

$$\leqslant \int_0^1 G(t,s)\phi_q\bigg[\int_0^1 G(s,\tau)\lambda q(\tau)f(\tau, w_0(\tau), w_0'(\tau), w_0''(\tau),$$

$$w_0'''(\tau))\,\mathrm{d}\tau\bigg]\,\mathrm{d}s$$

$$\leqslant a\left(\frac{4}{3}t^4 - \frac{8}{3}t^3 + \frac{4}{3}t + \frac{3}{8}\right)$$

$$= w_0(t), \quad 0 \leqslant t \leqslant 1$$

和

$$|w_1'(t)| = |(Tw_0)'(t)|$$

$$= \left| \int_t^1 (1-s)\phi_q \left[\left[\int_0^1 \int_0^1 G(s,\tau)\lambda q(\tau) f(\tau, w_0(\tau), w_0'(\tau), w_0''(\tau), \right.\right.\right.$$

$$w_0'''(\tau)) \, \mathrm{d}\tau \mathrm{d}h(s)$$

$$+ \int_0^1 G(s,\tau)\lambda q(\tau) f(s, w_0(\tau), w_0'(\tau), w_0''(\tau), w_0'''(\tau)) \, \mathrm{d}\tau \bigg] \, \mathrm{d}s$$

$$- \int_0^t s\phi_q \left[\left[\int_0^1 \int_0^1 G(s,\tau)\lambda q(\tau) f(\tau, w_0(\tau), w_0'(\tau), w_0''(\tau), \right.\right.$$

$$w_0'''(\tau)) \, \mathrm{d}\tau \mathrm{d}h(s)$$

$$+ \int_0^1 G(s,\tau)\lambda q(\tau) f(\tau, w_0(\tau), w_0'(\tau), w_0''(\tau), w_0'''(\tau)) \, \mathrm{d}\tau \bigg] \, \mathrm{d}s \, \right|$$

$$\leqslant \left| \int_t^1 (1-s)\phi_q \left[\int_0^1 G(s,\tau)\lambda q(\tau) f(s, w_0(\tau), w_0'(\tau), w_0''(\tau), \right.\right.$$

$$w_0'''(\tau)) \, \mathrm{d}\tau \bigg] \, \mathrm{d}s$$

$$\leqslant a\left(\frac{16}{3}t^3 - 8t^2 + \frac{4}{3} \right)$$

$$= w_0'(t), \quad 0 \leqslant t \leqslant 1$$

而

$$w_1''(t) = (Tw_0)''(t)$$

$$= -\phi_q \left[\int_0^1 \int_0^1 G(t,\tau)\lambda q(\tau) f(\tau, u(\tau), u'(\tau), u''(\tau), u'''(\tau)) \, \mathrm{d}\tau \mathrm{d}h(t) \right.$$

$$+ \int_0^1 G(t,\tau)\lambda q(\tau) f(s, u(\tau), u'(\tau), u''(\tau), u'''(\tau)) \, \mathrm{d}\tau \bigg]$$

$$\geqslant -\phi_q \left[\int_0^1 G(t,\tau)\lambda q(\tau) f(s, u(\tau), u'(\tau), u''(\tau), u'''(\tau)) \, \mathrm{d}\tau \right]$$

$$\geqslant a(16t^2 - 16t) = w_0''(t), \quad 0 \leqslant t \leqslant 1$$

以及

$$|w_1'''(t)| = |(Tw_0)'''(t)|$$

$$\leqslant (q-1)\left[\int_0^1 \int_0^1 G(t.\tau)\lambda q(\tau)f(\tau,\, u(\tau),\, u'(\tau),\, u''(\tau),\, u'''(\tau))\,\mathrm{d}\tau\mathrm{d}h(t)\right.$$

$$\left. + \int_0^1 G(t.\tau)\lambda q(\tau)f(s,\, u(\tau),\, u'(\tau),\, u''(\tau),\, u'''(\tau))\,\mathrm{d}\tau\right]^{q-2}$$

$$\times \left(\int_t^1 (1-\tau)\lambda q(\tau)f(s,\, u(\tau),\, u'(\tau),\, u''(\tau),\, u'''(\tau))\,\mathrm{d}\tau\right.$$

$$\left. - \int_0^t \tau\lambda q(\tau)f(s,\, u(\tau),\, u'(\tau),\, u''(\tau),\, u'''(\tau))\,\mathrm{d}\tau\right.$$

$$\leqslant (q-1)\left[\int_0^1 G(t.\tau)\lambda q(\tau)f(s,\, u(\tau),\, u'(\tau),\, u''(\tau),\, u'''(\tau))\,\mathrm{d}\tau\right]^{q-2}$$

$$\times \int_t^1 (1-\tau)\lambda q(\tau)f(s,\, u(\tau),\, u'(\tau),\, u''(\tau),\, u'''(\tau))\,\mathrm{d}\tau$$

$$\leqslant w_0'''(t),\quad 0 \leqslant t \leqslant 1$$

则

$$w_2(t) = Tw_1(t) \leqslant Tw_0(t) = w_1(t)$$

$$|w_2'(t)| = |(Tw_1)'(t)| \leqslant |(Tw_0)'(t)| = |w_1'(t)|$$

$$w_2''(t) = (Tw_1)''(t) \geqslant (Tw_0)''(t) = w_1''(t)$$

$$|w_2'''(t)| = |(Tw_1)'''(t)| \leqslant |(Tw_0)'''(t)| = |w_1'''(t)|,\quad 0 \leqslant t \leqslant 1$$

以此类推，得

$$w_{n+1} \leqslant w_n,\quad |w_{n+1}'(t)| \leqslant |w_n'(t)|$$

$$w_{n+1}''(t) \geqslant w_n''(t),\quad |w_{n+1}'''(t)| \leqslant |w_n'''(t)|,\quad 0 \leqslant t \leqslant 1 \quad n = 0,\, 1,\, 2,\, \cdots$$

由此，得到存在 $w^* \in \overline{P_a}$，使得 $w_n \to w^*$.

　　结合算子 T 的连续性以及 $w_{n+1} = Tw_n$ 得，$Tw^* = w^*$.

另一种迭代途径是从零函数开始迭代.

取 $v_0(t) = 0$, $0 \leqslant t \leqslant 1$, 则 $v_0(t) \in \overline{P_a}$.

令 $v_1 = Tv_0$, 则 $v_1 \in \overline{P_a}$.

记 $v_{n+1} = Tv_n$, $n = 0, 1, 2, \cdots$, 则 $v_n \subseteq \overline{P_a}$, $n = 1, 2, \cdots$

由于 T 是全连续的, 易知 $\{v_n\}_{n=1}^{\infty}$ 是等度连续的.

类似地, 由于 $v_1 = Tv_0 \in \overline{P_a}$, 则

$$v_1(t) = Tv_0(t) \geqslant 0, \quad |v_1'(t)| = |(Tv_0)'(t)| \geqslant 0$$

$$v_1''(t) = (Tv_0)''(t) \leqslant 0, \quad |v_1'''(t)| = |(Tv_0)'''(t)| \geqslant 0, \quad 0 \leqslant t \leqslant 1$$

可得

$$v_2(t) \geqslant v_1(t), \quad |v_2'(t)| \geqslant |v_1'(t)|$$

$$v_2''(t) \leqslant v_1''(t), \quad |v_2'''(t)| \geqslant |v_1'''(t)|, \quad 0 \leqslant t \leqslant 1$$

以此类推, 可得

$$v_{n+1} \geqslant v_n, \quad |v_{n+1}'(t)| \geqslant |v_n'(t)|$$

$$v_{n+1}''(t) \leqslant v_n''(t), \quad |v_{n+1}'''(t)| \geqslant |v_n'''(t)|, \quad 0 \leqslant t \leqslant 1, \quad n = 0, 1, 2, \cdots$$

由此, 得存在 $v^* \in \overline{P_a}$, 使得 $v_n \to v^*$.

结合算子 T 的连续性以及 $v_{n+1} = Tv_n$, 可得 $Tv^* = v^*$.

条件 (H_6) 表明, $f(t, 0, 0, 0, 0) \not\equiv 0$, $0 \leqslant t \leqslant 1$, 则零解不是边值问题 (4.29) 和 (4.31) 的解. 因此, $v^* > 0$, $0 < t < 1$.

由于算子 T 在 P 中的每一个不动点是边值问题 (4.29) 和 (4.31) 的解. 因此, 我们断言边值问题 (4.29) 和 (4.31) 存凹的对称正解 w^* 和 v^*.

如果 $\lim\limits_{n \to \infty} w_n \neq \lim\limits_{n \to \infty} v_n$, 则 w^* 与 v^* 是边值问题 (4.29) 和 (4.31) 的两个凹的对称正解. 而如果 $\lim\limits_{n \to \infty} w_n = \lim\limits_{n \to \infty} v_n$, 则 $w^* = v^*$ 是边值问题 (4.29) 和 (4.31) 的一个凹的对称正解.

至此, 定理得证.

推论 4.2.1 假设条件 (H_1)—(H_4) 和条件 (H_6) 成立，并且存在常数 $a > 0$，使得

(H_7): $\varliminf_{l \to +\infty} \max_{0 \leqslant t \leqslant 1} \dfrac{f(t, l, a, -a, a)}{l^{p-1}} \leqslant \dfrac{1}{A^{p-1}}$,

（特别地，$\lim\limits_{l \to +\infty} \max\limits_{0 \leqslant t \leqslant 1} \dfrac{f(t, l, a, -a, a)}{l^{p-1}} = 0$）.

则定理 4.2.1 中的结论仍然成立（这时取 $0 < a \ll 1$）.

下面的例子是本节中主要定理的直观应用.

例 4.2.1 令边值问题 (4.29) 和 (4.31) 中 $p = 3$，$q(t) = 1$，$h(t) = g(t) = t(1-t)$，考虑如下边值问题的迭代正解

$$
\begin{cases}
(\phi_p(u''(t)))''(t) = f(t, u(t), u'(t), u''(t), u'''(t)), & 0 < t < 1 \\[2mm]
u(0) = u(1) = \displaystyle\int_0^1 u(s) \, \mathrm{d}(s(1-s)) \\[2mm]
\phi_p(u''(0)) = \phi_p(u''(1)) = \displaystyle\int_0^1 \phi_p(u''(s)) \, d(s(1-s))
\end{cases}
\tag{4.37}
$$

其中

$$
f(t, x, y, z, \delta) = t(t-1) + \frac{1}{4}x + \frac{1}{4}y^2 - \frac{1}{4}z + \frac{1}{4}\delta^2
$$

解 取 $a = 2$，可得 $A = 1$.

则由定理 4.2.1 可知，边值问题 (4.37) 存在凹的对称正解 w^* 和 v^*，使得

$$0 \leqslant w^* \leqslant 2, \quad 0 \leqslant |(w^*)'| \leqslant 2, \quad -2 \leqslant (w^*)'' \leqslant 0, \quad 0 \leqslant |(w^*)'''| \leqslant 2$$

$$w^* = \lim_{n \to \infty} w_n = \lim_{n \to \infty} T^n w_0, \quad (w^*)' = \lim_{n \to \infty} (w_n)' = \lim_{n \to \infty} (T^n w_0)'$$

$$(w^*)'' = \lim_{n \to \infty} (w_n)'' = \lim_{n \to \infty} (T^n w_0)'', \quad (w^*)''' = \lim_{n \to \infty} (w_n)''' = \lim_{n \to \infty} (T^n w_0)'''$$

其中，$w_0(t) = \dfrac{8}{3}t^4 - \dfrac{16}{3}t^3 + \dfrac{8}{3}t + \dfrac{3}{4}$, $\quad 0 \leqslant t \leqslant 1$

和

$$0 \leqslant v^* \leqslant 2, \quad 0 \leqslant |(v^*)'| \leqslant 2, \quad -2 \leqslant (v^*)'' \leqslant 0, \quad 0 \leqslant |(v^*)'''| \leqslant 2$$

$$v^* = \lim_{n \to \infty} v_n = \lim_{n \to \infty} T^n v_0, \quad (v^*)' = \lim_{n \to \infty} (v_n)' = \lim_{n \to \infty} (T^n v_0)'$$

$$(v^*)'' = \lim_{n \to \infty} (v_n)'' = \lim_{n \to \infty} (T^n v_0)'', \quad (v^*)''' = \lim_{n \to \infty} (v_n)''' = \lim_{n \to \infty} (T^n v_0)'''$$

其中，$v_0(t) = 0, \quad 0 \leqslant t \leqslant 1$

其中，$(Tu)(t)$ 如式 (4.36) 所定义.

参 考 文 献

[1] H. Amann, Fixed point equations and nonlinear eigenvalue problems in ordered Banach spaces. SIAM Review, 18(1976), pp. 620-709.

[2] M. A. Krasnoselskill, Positive Solutions of Operator Equations. Gronigen: Noordhoff, 1964.

[3] K. Deimling, Nonlinear Functional Analysis. New York: Springer-Verlag, 1985.

[4] D. Guo and V. Lakshmikantham, Nonlinear Problems in Abstract Cones. New York: Academic Press, 1988.

[5] 郭大钧:《非线性泛函分析》, 山东科学技术出版社 1985 年版.

[6] 郭大钧、孙经先、刘兆理:《非线性常微分方程泛函方法》, 山东科学技术出版社 1995 年版.

[7] 钟承奎、范先令、陈文源:《非线性泛函分析引论》, 兰州大学出版社 1998 年版.

[8] 葛渭高:《非线性常微分方程边值问题》, 科学出版社 2007 年版.

[9] 葛渭高、李翠哲、王宏洲:《常微分方程与边值问题》, 科学出版社 2008 年版.

[10] 葛渭高、田玉、廉海荣:《应用常微分方程》, 科学出版社 2010 年版.

[11] J. Leray, Les Problèmes nonlineaires, L'enseignement math. 35(1936), pp. 139-151.

[12] R. E. Gaines, J. Mawhin. Coincidence degree and nonlinear differential equations. Lecture Notes in Math, 586, Berlin:Springer-Verlag, 1977.

[13] J. Mawhin, Topological degree methods in nonlinear boundary value problems. CBMS 40, Amer. Math. Soc. Providence, RI, 1979.

[14] W. Ge, J. Ren, An extension of Mawhin's Continuation theore and its application to boundary value problems. Nonlinear Analysis, 58(2004), pp. 477-488.

[15] D. X. Ma, W. G. Ge, Z. J Gui, Existence and iteration of positive solutions for a singular two-point boundary value problem with a p-Laplacian operator. Czechoslovak Mathematical Journal, 57(2007), pp. 135-152.

[16] Bo Sun and Weigao Ge, Successive iteration and positive pseudo-symmetric solutions for a three-point second-order p-Laplacian boundary value problems. Applied Mathematics and Computation, 188 (2007), pp. 1772-1779.

[17] Bo Sun and Weigao Ge, Existence and iteration of positive solutions to a class of Sturm-Liouville-like p-Laplacian boundary value problems. Nonlinear Analysis, 69(2008), pp. 1454-1461.

[18] D. X. Ma, Z. J. Du, W. G. Ge, Existence and iteration of monotone positive solutions for multipoint boundary value problem with p-Laplacian operator. Computers and Mathematics with Applications, 50(2005), pp. 729-739.

[19] 马德香、葛渭高:《具 p-Laplacian 算子的多点边值问题迭代解的存在性》,载《系统科学与数学》2007 年第 27 期.

[20] J. Sautanila, Nonnegative solutions to boundary value problems for nonlinear first and second order ordinary difFerential equations. J. Math. Anal. Appl., 126(1987), pp. 397-408.

[21] Z. Zhang, J. Wang, On existence and multiplicity of positive solutions to periodic boundary value peoblems for singular nonlinear second order differential equations. J. Math. Anal. Appl., 28(2003), pp. 99-107.

[22] X. Yang, Upper and lower solutions for periodic problems. Appl. Math. Comput., 137(2003), pp. 413-422.

[23] C. P. Gupta, Solvability of a three-point nonlinear boundary value problem for a second order ordinary differential equation. J. Math. Anal. Appl. 168(1992), pp. 540-551.

[24] C. P. Gupta, S. K. Ntouyas and P. Ch. Tsamatos, Solvability of an m-point boundary value problems for second order ordinary differential equations. J. Math. Anal. Appl., 189(1995), pp. 575-584.

[25] C. P. Gupta, A second order m-point boundary value problems at resonance. Nonlinear Anal., 24(1995), pp. 1483-1489.

[26] C. P. Gupta, A sharp condition for the solvability of a three-point second order boundary value problem. J. Math. Anal. Appl., 205(1997), pp. 579-586.

[27] C. P. Gupta, S. Trofimchuk, Existence of a solution to a three-point boundary value problem and the spectral radius of a related linear operator. Nonl. Anal. TMA., 34(1998), pp. 498-507.

[28] C. P. Gupta, A generalized multi-point boundary value problem for second order ordinary differential equations. Appl. Math. Comput., 89(1998), pp. 133-146.

[29] Ruyun Ma, Existence theorems for a second order three-point boundary value problem. J. Math. Anal. Appl., 212(1997), pp. 430-442.

[30] Ruyun Ma, Existence theorems for a second order m-point boundary value problem. J. Math. Anal. Appl., 211(1997), pp. 545-555.

[31] Ruyun Ma, Positive solutions of a nonlinear three-point boundary value problem. Electronic Journal of Differential equations, 34(1999), pp. 1-8.

[32] Ruyun Ma, Multiplicity of positive solutions for second-order three-point boundary value problems. Comput. Math. Appl., 40(2000), pp. 193-204.

[33] Ruyun Ma, Positive solutions for second order three-point boundary value problems. Appl. Math. Lett., 14(2001), pp. 1-5.

[34] Ruyun Ma, Nelson Castaneda, Existence of solutions of nonlinear m-point boundary value problem. J. Math. Anal. Appl., 256(2001), pp. 556-567.

[35] Ruyun Ma, Positive solutions of a nonlinear m-point boundary value problem. Comput. Math. Appl., 42(2001), pp. 755-765.

[36] Ruyun Ma, Daoming Cao, Positive solutions to an m-point boundary value problem. Appl. Math. J. Chinese Univ. Ser. B, 17(1)(2002), pp. 24-30.

[37] Ruyun Ma, Existence and uniqueness of solutions to first-order three-point boundary value problems. Appl. Math. Lett., 15(2002), pp. 211-216.

[38] Ruyun Ma, Hanyan Wang, Positive solutions of nonlinear three-point boundary-value problems. J. Math. Anal. Appl., 1(2003), pp. 216-227.

[39] H. B. Thompson, C. Tisdell, Three-point boundary value problems for second-order, ordinary, differential equations. Math. Comput. Model., 34(2001), pp. 311-318.

[40] 刘斌、庾建设:《具共振条件下二阶 m 点边值问题解的存在性》载《应用数学学报》2001 年第 24 期.

[41] Xiaoming He, Weigao Ge, Triple solutions for a second-order three-point boundary value problems. J. Math. Anal. Appl., 268(2002), pp. 256-265.

[42] R. Avery and J. Henderson, Existence of three positive pseudo-symmetric solutions for a one dimensional p-Laplacian operator. J. Math. Anal. Appl., 277(2003), pp. 395-404.

[43] Bo Sun, Some Results of Monotone Positive Solutions to a Third-order Boundary Value Problem. Ekoloji, 28(2019), pp. 2313-2317.

[44] Bo Sun, Existence Theory for Positive Iterative Solutions to a Type of Boundary Value Problem. Symmetry-Basel, 13(2021), pp. 1585.

[45] C. L. Zhou, D. X. Ma, Existence and iteration of positive solutions for a generalized right-focal boundary value problem with p-Laplacian operator. Journal of Mathematical Analysis and Applications, 324(2006), pp. 409-424.

[46] Bo Sun, Monotone iterative technique and positive solutions to a third-order differential equation with advanced arguments and Stieltjes integral boundary conditions. Advances in Difference Equations, 218(2018), pp. 1-11.

[47] Ruyun Ma, Multiplicity results for third order boundary value problem at resonance. Nonlinear Anal., 32(1998), pp. 493-499.

[48] C. V. Pao, Nonlinear Parabolic and Elliptic Equations. New York: Plenum Press, 1992.

[49] Z. Zhang, J. Wang, The upper and lower solution method for a class of singular nonlinear second order three-point boundary value problems. J. comput. Appl. math., 147(2002), pp. 41-52.

[50] K. Q. Lan, Multiple positive solutions of semilinear differential equations with singularites. J. London math. Soc., 63(2001), pp. 690-704.

[51] G. H. Meyer, Initial Value Methods for Boundary Value Problems, Theory and Applications of Invariant Imbedding. New York: Academic Press, 1973.

[52] R. K. Nagle, K. L. Pothoven, On a third order nonlinear boundary value problem at resonance. J. Math. Anal. Appl., 195(1995), pp. 149-159.

[53] M. D. R. Grossinho, F. M. Minhós, Existence result for some third order separated boundary value problems. Nonlinear Anal., 47(2001), pp. 2407-2418.

[54] Q. Yao, Y. Feng, The existence of solutions for a third-order two point boundary value problem. Appl. Math. Letters, 15(2002), pp. 227-232.

[55] 葛渭高:《三阶常微分方程的两点边值问题》,载《高校应用数学学报 (A)》,1997 年第 12 期。

[56] 冯玉强、刘三阳、姚庆六:《关于三阶边值问题的解的存在性》,载《应用数学》2003 年第 16 期。

[57] E. Rovderová, Third-order boundary value problem with nonlinear boundary conditions. Nonlinear Anal., 25(1995), pp. 473-485.

[58] Z. Du, W. Ge, X. Lin, Existence of solutions for a class of third-order nonlinear boundary value problems. J. Math. Anal. Appl., 294(2004), pp. 104-112.

[59] Z. Du, X. Lin, W. Ge, On a third-order multi-point boundary value problem at resonance. J. Math. Anal. Appl., 302(2005), pp. 217-229.

[60] 杜增吉、林小洁、葛渭高：《具共振条件下的一类三阶非局部边值问题的可解性》，载《数学学报》，2006 年第 49 期.

[61] D. X. Ma, X. Z. Yang, Upper and lower solution method for fourth-order four-point boundary value problems. Journal of Computational and Applied Mathematics, 223(2009), pp. 543-551.

[62] Bo Sun, Monotonic iteration positive symmetric solutions to a boundary value problem with p-Laplacian and Stieltjes integral boundary conditions. Boundary Value Problems, 151(2016), pp. 1-12.

[63] A. Aftabizadeh, Existence and uniqueness theorems for fourth-order boundary value problems. J. Math. Anal. Appl., 116(1986), pp. 415-426.

[64] M. Pino, R. Manasevich, Existence for a fourth-order boundary value problem uander a two parameter nonresonance condition. Proc. Amer. Math. Soc., 112(1991), pp. 81-86.

[65] A. Cabada, The method of lower and upper solutions for second, third, fourth and higher order boundary value problems. J. Math. Anal. Appl., 185(1994), pp. 302-320.

[66] C. Coster, C. Fabry and F. Munyamarere, Nonresonance conditions for fourth-order nonlinear boundary value problems. J. Math. Sci., 17(1994), pp. 725-740.

[67] C. Coster, L. Sanchez, Upper and lower solutions, Ambrosetti-Prodi problem and positive solutions for fourth-order O.D.E. Riv. Math. Pura. Appl., 14(1994), pp. 1129-1138.

[68] Z. Bai, The method of lower and upper solutions for a bending of an elastic beam equation. J. Math. Anal. Appl., 22(2001), pp. 1476-1480.

[69] Z. Bai, H. Wang, On positive solutions of some nonlinear fourth-order beam equations. J. Math. Anal. Appl., 270(2002), pp. 357-368.

[70] R. Ma, Existence of positive solutions of a fourth-order boundary value problem. J. Math. Anal. Appl., 68(2005), pp. 1219-1231.

[71] C. Pang, W. Dong, Z. Wei, Multiple solutions for fourth-order boundary value problem. J. Math. Anal. Appl., 314(2006), pp. 464-476.

[72] Y. Li, Positive solutions of fourth-order periodic boundary value problems. Nonl. Anal., 54(2003), pp. 1069-1078.

[73] D. Jiang, W. Gao, A. Wan, A monotone method for constructing extremal solutions to fourth-order periodic boundary value problems. Appl. Math. Letters, 132(2002), pp. 411-421.

[74] Y. Liu. W. Gao, Existence theorem of positive solutions for fourth-order four-point boundary value problems. Anal. Appl., 2(2004), pp. 71-85.

[75] Z. Bai, B. Huang and W. Gao, The iterative solutions for some fourth-order p-Laplace equation boundary value problems. Appl. Math. Lett., 19(2006), pp. 8-14.